我孫子二階堂高等学校

〈収録内容〉

※国語の大問一は問題に使用された作品の著作権者が二次使用の許可を出していないため問題を掲載しておりません。

便利な DL コンテンツは右の QR コードから

⇒ 

※データのダウンロードは 2025 年 3 月末日まで。
※データへのアクセスには、右記のパスワードの入力が必要となります。 ⇒ 119901

〈合格最低点〉

2024年度	135点
2023年度	131点
2022年度	120点
2021年度	126点
2020年度	130点

本書の特長

実戦力がつく入試過去問題集

▶ 問題 ……………… 実際の入試問題を見やすく再編集。
▶ 解答用紙 …… 実戦対応仕様で収録。
▶ 解答解説 …… 詳しくわかりやすい解説には、難易度の目安がわかる「基本・重要・やや難」の分類マーク付き（下記参照）。各科末尾には合格へと導く「ワンポイントアドバイス」を配置。採点に便利な配点つき。

入試に役立つ分類マーク 

基本 確実な得点源！
受験生の 90％以上が正解できるような基礎的、かつ平易な問題。
何度もくり返して学習し、ケアレスミスも防げるようにしておこう。

重要 受験生なら何としても正解したい！
入試では典型的な問題で、長年にわたり、多くの学校でよく出題される問題。
各単元の内容理解を深めるのにも役立てよう。

やや難 これが解ければ合格に近づく！
受験生にとっては、かなり手ごたえのある問題。
合格者の正解率が低い場合もあるので、あきらめずにじっくりと取り組んでみよう。

合格への対策、実力錬成のための内容が充実

▶ 各科目の出題傾向の分析、合否を分けた問題の確認で、入試対策を強化！
▶ その他、学校紹介、過去問の効果的な使い方など、学習意欲を高める要素が満載！

解答用紙ダウンロード 解答用紙はプリントアウトしてご利用いただけます。弊社ＨＰの商品詳細ページよりダウンロードしてください。トビラのＱＲコードからアクセス可。

UD FONT 見やすく読みまちがえにくいユニバーサルデザインフォントを採用しています。

我孫子二階堂高等学校

普通科（単位制）
生徒数　438名
〒270-1163
千葉県我孫子市久寺家479-1
☎04-7182-0101
常磐線・千代田線我孫子駅
スクールバス7分または徒歩20分

高校生活のキーワード。それは…「ランクUP！　自分を高めよう!!」

URL	https://www.abini.ed.jp

明るい環境の中で豊かな人間育成

1967年、日本女子体育大学の系列校として設立された。2002年度入学生より男女共学となる。

生徒の個性を尊重し、各自の能力の伸展を図り、一人ひとりの進路実現、豊かな人間の育成を目標とした教育に力を入れている。

みんなの夢を受け止めるあたたかい教育

我孫子駅から学校までは大型バス３台が登下校時に無料で運行している。学校周辺は緑に囲まれた自然の地で、近くには、桜の布施弁天などの名勝も多い。２つの体育館の空調も完備し、様々な教育施設の整備、工夫、改善がなされている。

校舎は、本館（４階建）、東館（３階建）新東館（３階建）、図書館棟（２階建）、特別教室棟（２階建）に分かれており、新東館にはコンピュータ室、食堂、特別教室棟には美術室をはじめ、被服・調理の各教室など、学習状況に応じた施設が整っている。放課後７時まで誰でも利用できる「学習室」では自習教室として主体的に勉強する生徒で賑わっている。

また、サッカーや野球が可能なグラウンドの他に、第１体育館（冷暖房完備）、第２体育館（冷暖房完備）など、スポーツ施設も充実している。

コース制を生かして2ランク上の進学を実現する

１年次より進学コース・総合コースを設けて、各自の進路目標を明確にし、各々の進路実現に向けて確実に力をつけるようにしていく。進学コースは、進路目標に即したカリキュラム編成で"２ランク上"の進学を可能にする。

またすべての生徒がタブレット型PCを持ち、ICTによる教育を盛んに行なっている。特に進学希望者に対しては、確実に実力を伸ばすことを目的に、夏休みなどの長期休業中には進学特別講座を実施する。総合コースでは、２年次より様々な進路希望に沿った選択科目が用意されており、それぞれが進路実現を目指すと共に資格習得にも力を入れている。

盛んなクラブ活動、ボランティア活動

学校行事など、教科学習以外の教育活動も重視しており、クラブ活動や、ボランティアなどの校外活動も活発に行われている。

部活動は、運動系10、文化系９とバラエティに富んだ様々な部が活動をしている。特に近年は、柔道部が５年連続で関東大会に出場するなど優秀な成績を残している。また野球部、バスケットボール部、長距離部、サッカー部、ダンス部、ソフトテニス部も熱心な指導者のもと活発に活動を行っている。文化部では毎年県コンクールで入賞している吹奏楽部や、高大展で大賞、大東文化大全国展にて学長賞を受賞した書道同好会の活躍が目覚ましい。

また、学業や部活動において活躍が見込まれる者には、選考により奨学金が給付される「特待生制度」や、経済的に就学が困難な生徒のために「二階堂学園奨学金制度」など学費に関するサポートも充実している。土曜日の校内塾アビニスタを開設。

県大会で常連の野球部

系列校への推薦入学制度あり

約９割の生徒が、４年制大学、短大、専修・専門学校などへ進学している。系列校の日本女子体育大学へは推薦入学制度もある。

主な進学先は、鳥取大、日本大、亜細亜大、大正大、学習院大、国士舘大、明治学院大、大東文化大、文教大、帝京大、麗澤大、東洋大、和洋女子大、実践女子大、大妻女子大、江戸川大、川村学園女子大、聖徳大、千葉商科大、中央学院大、東海大、東京情報大、玉川大、日本女子体育大、流通経済大、千葉工業大、国際武道大、城西国際大、東京農業大、開智国際大、拓殖大、淑徳大、聖徳大学短大、目白大学短大など。

2025年度入試要項

試験日　1/17（単願A・C、併願B理科型推薦）
1/18（併願B社会型推薦）
1/21（一般）

試験科目　国・数・英＋面接（単願A推薦・一般）
国・数・英・理＋面接（併願B推薦〈理科型〉）
国・数・英・社＋面接（併願B推薦〈社会型〉）
面接（単願C推薦）

2024年度	募集定員	受験者数	合格者数	競争率
推薦	50/100	219/778	219/778	1.0/1.0
一般	10/40	5/175	5/161	1.0/1.1

※人数は進学コース/総合コース

過去問の効果的な使い方

① **はじめに**　入学試験対策に的を絞った学習をする場合に効果的に活用したいのが「過去問」です。なぜならば，志望校別の出題傾向や出題構成，出題数などを知ることによって学習計画が立てやすくなるからです。入学試験に合格するという目的を達成するためには，各教科ともに「何を」「いつまでに」やるかを決めて計画的に学習することが必要です。目標を定めて効率よく学習を進めるために過去問を大いに活用してください。また，塾に通われていたり，家庭教師のもとで学習されていたりする場合は，それぞれのカリキュラムによって，どの段階で，どのように過去問を活用するのかが異なるので，その先生方の指示にしたがって「過去問」を活用してください。

② **目的**　過去問学習の目的は，言うまでもなく，志望校に合格することです。どのような分野の問題が出題されているか，どのレベルか，出題の数は多めか，といった概要をまず把握し，それを基に学習計画を立ててください。また，近年の出題傾向を把握することによって，入学試験に対する自分なりの感触をつかむこともできます。

過去問に取り組むことで，実際の試験をイメージすることもできます。制限時間内にどの程度までできるか，今の段階でどのくらいの得点を得られるかということも確かめられます。それによって必要な学習量も見えてきますし，過去問に取り組む体験は試験当日の緊張を和らげることにも役立つでしょう。

③ **開始時期**　過去問への取り組みは，全分野の学習に目安のつく時期，つまり，9月以降に始めるのが一般的です。しかし，全体的な傾向をつかみたい場合や，学習進度が早くて，夏前におおよその学習を終えている場合には，7月，8月頃から始めてもかまいません。もちろん，受験間際に模擬テストのつもりでやってみるのもよいでしょう。ただ，どの時期に行うにせよ，取り組むときには，集中的に徹底して取り組むようにしましょう。

④ **活用法**　各年度の入試問題を全問マスターしようと思う必要はありません。できる限り多くの問題にあたって自信をつけることは必要ですが，重要なのは，志望校に合格するためには，どの問題が解けなければいけないのかを知ることです。問題を制限時間内にやってみる。解答で答え合わせをしてみる。間違えたりできなかったりしたところについては，解説をじっくり読んでみる。そうすることによって，本校の入試問題に取り組むことが今の自分にとって適当かどうかが，はっきりします。出題傾向を研究し，合否のポイントとなる重要な部分を見極めて，入学試験に必要な力を効率よく身につけてください。

数学

各都道府県の公立高校の入学試験問題は，中学数学のすべての分野から幅広く出題されます。内容的にも，基本的・典型的なものから思考力・応用力を必要とするものまでバランスよく構成されています。私立・国立高校では，中学数学のすべての分野から出題されることには変わりはありませんが，出題形式，難易度などに差があり，また，年度によっての出題分野の偏りもあります。公立高校を含め，ほとんどの学校で，前半は広い範囲からの基本的な小問群，後半はあるテーマに沿っての数問の小問を集めた大問という形での出題となっています。

まずは，単年度の問題を制限時間内にやってみてください。その後で，解答の答え合わせ，解説での研究に時間をかけて取り組んでください。前半の小問群，後半の大問の一部を合わせて50%以上の正解が得られそうなら多年度のものにも順次挑戦してみるとよいでしょう。

英語

英語の志望校対策としては，まず志望校の出題形式をしっかり把握しておくことが重要です。英語の問題は，大きく分けて，リスニング，発音・アクセント，文法，読解，英作文の5種類に分けられます。リスニング問題の有無(出題されるならば，どのような形式で出題されるか)，発音・アクセント問題の形式，文法問題の形式(語句補充，語句整序，正誤問題など)，英作文の有無(出題されるならば，和文英訳か，条件作文か，自由作文か）など，細かく具体的につかみましょう。読解問題では，物語文，エッセイ，論理的な文章，会話文などのジャンルのほかに，文章の長さも知っておきましょう。また，読解問題でも，文法を問う問題が多いか，内容を問う問題が多く出題されるか，といった傾向をおさえておくことも重要です。志望校で出題される問題の形式に慣れておけば，本番ですんなり問題に対応することができますし，読解問題で出題される文章の内容や量をつかんでおけば，読解問題対策の勉強として，どのような読解問題を多くこなせばよいかの指針になります。

最後に，英語の入試問題では，なんと言っても読解問題でどれだけ得点できるかが最大のポイントとなります。初めて見る長い文章をすらすらと読み解くのはたいへんなことですが，そのような力を身につけるには，リスニングも含めて，総合的に英語に慣れていくことが必要です。「急がば回れ」ということわざの通り，志望校対策を進める一方で，英語という言語の基本的な学習を地道に続けることも忘れないでください。

国語

国語は，出題文の種類，解答形式をまず確認しましょう。論理的な文章と文学的な文章のどちらが中心となっているか，あるいは，どちらも同じ比重で出題されているか，韻文(和歌・短歌・俳句・詩・漢詩)は出題されているか，独立問題として古文の出題はあるか，といった，文章の種類を確認し，学習の方向性を決めましょう。また，解答形式は，記号選択のみか，記述解答はどの程度あるか，記述は書き抜き程度か，要約や説明はあるか，といった点を確認し，記述力重視の傾向にある場合は，文章力に磨きをかけることを意識するとよいでしょう。さらに，知識問題はどの程度出題されているか，語句(ことわざ・慣用句など)，文法，文学史など，特に出題頻度の高い分野はないか，といったことを確認しましょう。出題頻度の高い分野については，集中的に学習することが必要です。読解問題の出題傾向については，脱語補充問題が多い，書き抜きで解答する言い換えの問題が多い，自分の言葉で説明する問題が多い，選択肢がよく練られている，といった傾向を把握したうえで，これらを意識して取り組むと解答力を高めることができます。「漢字」「語句・文法」「文学史」「現代文の読解問題」「古文」「韻文」と，出題ジャンルを分類して取り組むとよいでしょう。毎年出題されているジャンルがあるとわかった場合は，必ず正解できる力をつけられるよう意識して取り組み，得点力を高めましょう。

出題傾向の分析と合格への対策

●出題傾向と内容

本年度の出題数は，大問が4題，小問数にして31題で，昨年通り小問数が多いが，基本的な問題が中心なので，教科書の内容が理解できていれば十分対応できるだろう。

本年度の出題内容は，[1]が数・式の計算，平方根の計算，式の展開，因数分解，一次方程式，二次方程式などの小問群，[2]が式の値，素数，文字式，二次方程式，関数，角度，時間と速さと距離の計算，平均，確率などの小問群，[3]が図形と関数・グラフの融合問題，[4]が空間図形の計量問題であった。

✔学習のポイント

中学数学の基礎事項が全単元から問われている。まずやるべきことは，教科書を使っての基本事項の再認識である。

●2025年度の予想と対策

来年度も量・レベルともに本年度と同様の傾向が続くであろう。中学数学全体について，基礎的な内容をしっかりと身につけておけば，十分に対応できるはずである。

まずは教科書を使って，中学数学の基本事項を確認しよう。苦手単元はこの段階で克服できるようなムラのない学習を心がけたい。定理，公式を単に暗記するだけでなく，練習問題を通して問題への対処のしかたを身につけることが重要である。

本校の過去問を解くことは，自分の実力に片寄りがないかを判断するのにきっと役立つであろう。

▼年度別出題内容分類表 ……

出題内容			2020年	2021年	2022年	2023年	2024年
数と式	数の性質				○	○	○
	数・式の計算		○	○	○	○	○
	因数分解		○	○	○	○	○
	平方根		○	○	○	○	○
方程式・不等式	一次方程式		○	○	○	○	○
	二次方程式		○	○	○	○	○
	不等式						
	方程式・不等式の応用		○			○	
関数	一次関数		○	○	○	○	○
	二乗に比例する関数		○	○	○	○	○
	比例関数		○			○	○
	関数とグラフ		○	○	○	○	○
	グラフの作成						
図形	平面図形	角度		○	○	○	○
		合同・相似					
		三平方の定理		○			
		円の性質					○
	空間図形	合同・相似	○			○	
		三平方の定理	○				○
		切断					
	計量	長さ	○	○		○	○
		面積	○	○	○	○	○
		体積	○	○	○	○	
	証明						
	作図						
	動点						
統計	場合の数						
	確率			○	○	○	○
	統計・標本調査		○	○	○	○	○
融合問題	図形と関数・グラフ		○	○	○		○
	図形と確率						
	関数・グラフと確率						
	その他						
その他			○	○	○	○	

我孫子二階堂高等学校

英語 出題傾向の分析と合格への対策

●出題傾向と内容

本年度は発音問題，語句選択補充問題，単語と語彙の問題2題，語句整序問題，資料問題，読解問題の計7題が出題された。問題量や出題傾向はほぼ例年通りである。

発音・アクセント問題，文法問題は標準レベルだが中学英語の必須文法事項が幅広く出題されている。

読解問題は，長文読解総合問題が出題されたが，長さやレベルは標準で読みやすい。主として内容理解を問う設問が出題されている。

✓学習のポイント

・教科書を徹底的に復習しよう！
・長文問題に数多く当たろう！
・語彙力を身につけよう！

●2025年度の予想と対策

来年度も，形式・内容ともに本年度と同様の出題が続くと考えてよい。教科書を中心とした学習をし，基礎力を確実なものとすること。

文法は，基礎的なものが広範囲から出題されているので，正確な知識を身につける勉強をすすめたい。基礎問題集を数多くこなすとよい。発音，アクセント，語彙の対策としては，教科書を何度も音読し，その中に出てくる単語をしっかりおさえること。

長文読解は総合問題形式に慣れることが大切である。教科書の文から始めて，徐々に問題集で力をつけていくようにしよう。単語や熟語をていねいに学習して語彙力をつけておきたい。

▼年度別出題内容分類表 ······

	出題内容	2020年	2021年	2022年	2023年	2024年
話し方・聞き方	単語の発音	○	○	○	○	○
	アクセント	○	○		○	○
	くぎり・強勢・抑揚					
	聞き取り・書き取り					
語い	単語・熟語・慣用句	○	○	○		○
	同意語・反意語					
	同音異義語					
読解	英文和訳(記述・選択)		○	○		
	内容吟味	○	○	○	○	○
	要旨把握		○	○		
	語句解釈			○		
	語句補充・選択	○	○	○	○	○
	段落・文整序					
	指示語		○	○	○	○
	会話文	○	○	○	○	
文法・作文	和文英訳					
	語句補充・選択	○	○	○	○	○
	語句整序	○	○	○	○	○
	正誤問題					
	言い換え・書き換え		○	○		
	英問英答	○				
	自由・条件英作文					
文法事項	間接疑問文		○	○	○	
	進行形					
	助動詞	○	○	○	○	○
	付加疑問文			○		
	感嘆文					
	不定詞	○	○	○		○
	分詞・動名詞		○	○		○
	比較	○	○	○		○
	受動態		○	○		○
	現在完了	○	○	○	○	○
	前置詞		○	○		
	接続詞					
	関係代名詞	○	○	○	○	

我孫子二階堂高等学校

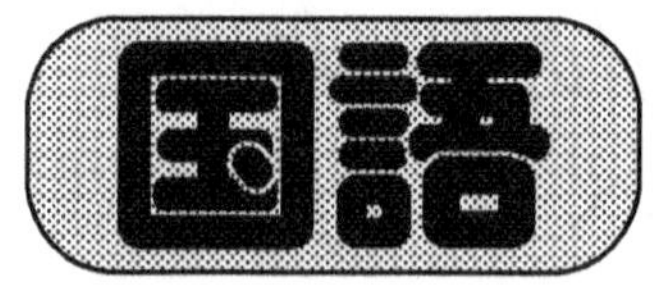

出題傾向の分析と 合格への対策

●出題傾向と内容

本年度は，大問数は3問で，論説文が1題，古文の問題1題，国語知識に関する問題が1題であった。

論説文では，内容吟味，接続語などといった読解に関する設問のほか，漢字の読み書きも出題されている。

古文は，『徒然草』からの出題で，文脈把握や仮名遣いのほか，語句の意味が出題された。

副詞の用法，熟語作成，品詞分類は記号選択式で出題された。

解答形式は記号選択式のみとなっていた。

学習のポイント

日ごろから長文に親しみ，読解力をつけよう！　指示語に注意して読もう！　幅広い分野の基本的な知識を身につけよう！

●2025年度の予想と対策

現代文・古文の読解問題に，知識問題を加えた出題構成に変化はないだろう。

現代文の読解対策は，論説文や随筆を中心に論旨の展開や筆者の意見を的確に読み取る演習を重ねるとよい。新聞を読むことや問題集を利用するとよいだろう。

古文の問題が出題されるので，古文の基本的な語句の意味や文法事項を身につけること。教科書や問題集に取り組むとよい。

漢字・熟語・文法・文学史などの基礎知識は，日頃の学習の中で身につけていくのが一番である。問題集を併用して学習するとより効果的である。

▼年度別出題内容分類表 ・・・・・・

出題内容			2020年	2021年	2022年	2023年	2024年
内容の分類	読解	主題・表題	○				
		大意・要旨	○	○	○	○	○
		情景・心情					
		内容吟味	○	○	○	○	○
		文脈把握	○	○	○	○	○
		段落・文章構成					
		指示語の問題	○			○	○
		接続語の問題	○	○	○	○	○
		脱文・脱語補充	○	○	○	○	○
	漢字・語句	漢字の読み書き	○	○	○	○	○
		筆順・画数・部首					
		語句の意味	○	○	○	○	○
		同義語・対義語	○		○	○	○
		熟語	○	○		○	○
		ことわざ・慣用句	○				○
	表現	短文作成					
		作文(自由・課題)					
		その他					
	文法	文と文節					
		品詞・用法				○	○
		仮名遣い	○	○	○	○	○
		敬語・その他					
	古文の口語訳		○		○	○	○
	表現技法		○				
	文学史				○		
問題文の種類	散文	論説文・説明文	○	○	○	○	○
		記録文・報告文					
		小説・物語・伝記					
		随筆・紀行・日記					
	韻文	詩					
		和歌(短歌)					
		俳句・川柳					
	古文		○	○	○	○	○
	漢文・漢詩						

我孫子二階堂高等学校

2024年度 合否の鍵はこの問題だ!!

数学 4

(1) AB＝12, OB＝4　△ABOにおいて三平方の定理を用いると, AO＝$\sqrt{AB^2-OB^2}$＝$\sqrt{12^2-4^2}$＝$\sqrt{128}$＝$8\sqrt{2}$(cm)

(2) $360°\times\frac{2\pi\times4}{2\pi\times12}=360°\times\frac{1}{3}=120°$

(3) $\pi\times12^2\times\frac{120°}{360°}=\pi\times144\times\frac{1}{3}=48\pi$(cm²)

【別解】 円すいの側面積は, π×(母線の長さ)×(底面の半径)でも求められるから, $\pi\times12\times4=48\pi$(cm²)

(4) 右の図のように, 側面の展開図をかくと, 求める長さはBMになる。AB＝12, AM＝6, ∠BAM＝120°　点Mから直線BAへ垂線MHをひくと, ∠MAH＝180°−120°＝60°　△MAHは∠MAH＝60°の直角三角形になるから, AH＝$\frac{AM}{2}=\frac{6}{2}=3$, MH＝$3\sqrt{3}$　BH＝BA＋AH＝12＋3＝15　直角三角形BMHにおいて三平方の定理を用いると, BM＝$\sqrt{BH^2+MH^2}=\sqrt{15^2+(3\sqrt{3})^2}=\sqrt{225+27}=\sqrt{252}=6\sqrt{7}$(cm)

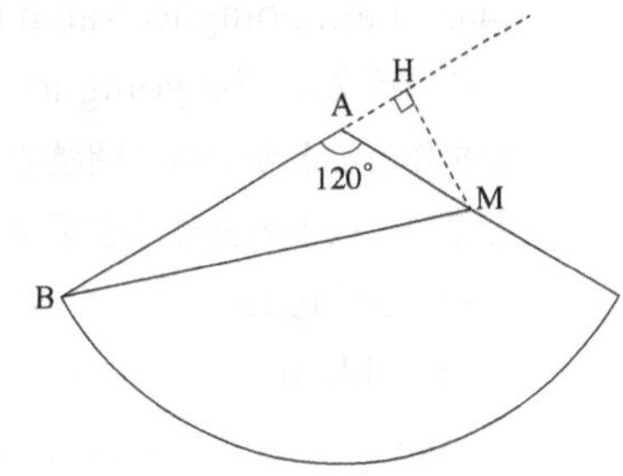

◎(4)は, 三角定規型の直角三角形を見出すことがポイントである。中心角が120°から外角が60°になることに気づこう。

国語 第2問 問六

★なぜこの問題が合否を分けるのか

「かく」は, 傍線④以外でも文章の中に出てくるので, 他の問題のヒントにも繋がってくる。「何事をかくは, のたまふぞ」や「やや, 鼻ひたる時, かくまじなはねば, 死ぬなりと申せば」がある。

★こう答えると合格できない

「かく」は指示語であるので, 前の文章だけ見てしまうと, ③比叡山や④ただ今　を選んでしまうかもしれないので注意が必要である。

★これで合格！

「かく」は, 指示語で「このように」という意味がある。何を指しているかをヒントになる部分が前の文章にあるので「かく」の指示語が他の文章にもないか, もう一度読んで確認することが大切である。

英語 5.

語句整序問題は，正確な英文法の知識が必要なため，苦手とする受験生が多い出題形式である。

(38) My brother wants a car made in Germany.

この文は，分詞の形容詞的用法を用いた文であり，made in Germany が前の名詞を修飾する英文である。分詞や関係代名詞，不定詞の形容詞的用法は，名詞を後ろから修飾する「後置修飾」の文である。後置修飾は，日本語と語順が異なるため，語句整序問題ではよく問われる形式である。何度も問題を解いて，形になれるようにしたい。

(40) I am going to watch the movie next week.

この英文は<be going to ＋ 動詞の原形>「～するつもりだ」という表現を覚えておくと，すぐに英文を作ることができる問題である。語句整序問題の中には，表現を知っておくと解くことができる問題も多い。以下の表現は必ず覚えるようにしよう。

・be going to ～「～するつもりだ」

・be able to ～「～することができる」

・have to ～「～しなければならない」

過去問や問題集を用いて，同難易度の問題を何度も解き，語句整序問題に慣れるようにしよう。

2024年度

★★★★★★★★★★★★★★★★★★★★★★

入　試　問　題

2024年度

我孫子二階堂高等学校入試問題

【数　学】（50分）〈満点：100点〉

1 次の（1）～(12)の 1 ～ 29 にあてはまる数，符号を答えなさい。

（1） $-5+8\div(-4)=$ 1 2

（2） $(-4)^2-2^2=$ 3 4

（3） $-18\div\frac{9}{4}=$ 5 6

（4） $(9x^4+6x^3)\times(-\frac{2}{3}x)=$ 7 8 $x^{\boxed{9}}-$ 10 $x^{\boxed{11}}$

（5） $\sqrt{48}-2\sqrt{3}=$ 12 $\sqrt{\boxed{13}}$

（6） $\frac{6}{\sqrt{2}}+(\sqrt{2}+1)^2=$ 14 $+$ 15 $\sqrt{2}$

（7） $\frac{3x+y}{2}-\frac{2x-3y}{4}=\frac{\boxed{16}\,x+\boxed{17}\,y}{4}$

（8） $-54a^4b^3\div27a^2b=$ 18 19 $a^{\boxed{20}}b^{\boxed{21}}$

（9） $(x-2)^2-(x-4)=x^2-$ 22 $x+$ 23

(10) x^2-x-2を因数分解すると，$(x-$ 24 $)(x+$ 25 $)$

(11) 一次方程式$\frac{5}{3}x-2=3$を解くと，$x=$ 26

(12) 二次方程式$x^2-3x-10=0$と解くと，$x=$ 27 28 , 29

2 次の（1）～(11)の答えを 30 ～ 41 の選択肢から選びなさい。

（1） $x=3$，$y=2$のとき，$4x^2-5y$の値を求めなさい。

30　　①14　　②17　　③26　　④29

（2） 20以下の自然数のうち，素数は何個あるか，求めなさい。

31　　①7個　　②8個　　③9個　　④10個

（3） 次の式のうち，その値がつねに奇数となるものを選びなさい。ただし，nは整数とする。

32　①$n+1$　②$2n$　③$2n+1$　④n^2

（4） xについての二次方程式$x^2-3x-a=0$の解の1つが2であるとき，aの値を求めなさい。

33　①$a=-2$　②$a=-1$　③$a=2$　④$a=9$

（5） yはxに比例し，$x=5$のとき$y=-20$である。このとき，yをxの式で表しなさい。

34　①$y=-100x$　②$y=-\frac{100}{x}$　③$y=-\frac{4}{x}$　④$y=-4x$

（6） $\sqrt{24n}$が自然数になるような自然数nのうち，最も小さい値を求めなさい。

35　①2　②4　③6　④24

（7） 関数$y=x^2$で，xの変域が$-1 \leqq x \leqq 2$のときのyの変域を求めなさい。

36　①$0 \leqq y \leqq 1$　②$1 \leqq y \leqq 4$　③$-1 \leqq y \leqq 2$　④$0 \leqq y \leqq 4$

（8） 次の図で点A，B，Cは円Oの周上の点である。$\angle x$の大きさを求めなさい。

37　①21°　②30°　③42°　④84°

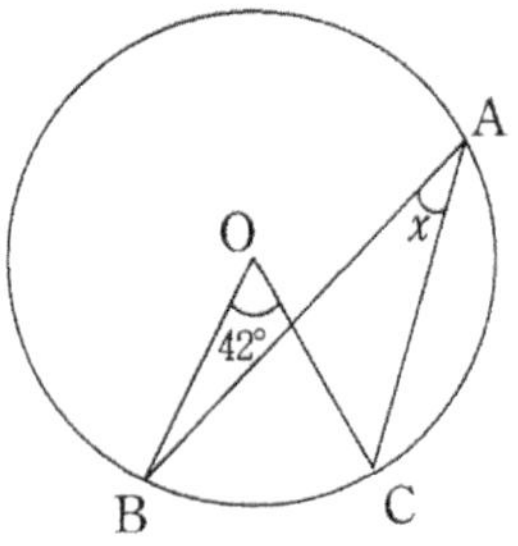

（9） 24kmの距離を時速6kmで走ったときにかかる時間を求めなさい。

38　①4時間　②8時間　③18時間　④144時間

（10） 次の資料は，あるサッカーチームの試合ごとのシュートの本数を少ない方から並べたものである。このときの平均値を求めなさい。

5，5，6，7，10，11，12，12，13（本）

39　①8　②9　③10　④12

(11)　1枚の硬貨を続けて3回投げるとき，次の確率を求めなさい。

(ア)表は1回，裏が2回出る確率

| 40 |　①$\frac{3}{4}$　②$\frac{3}{8}$　③$\frac{5}{8}$　④$\frac{7}{8}$

(イ)少なくとも1回は表が出る確率

| 41 |　①$\frac{3}{4}$　②$\frac{3}{8}$　③$\frac{5}{8}$　④$\frac{7}{8}$

3　次の図のように，関数$y=ax^2$と直線$y=-x+4$が点A，点Bで交わっている。

Aの座標が(−4，8)のとき，次の問いに答えなさい。

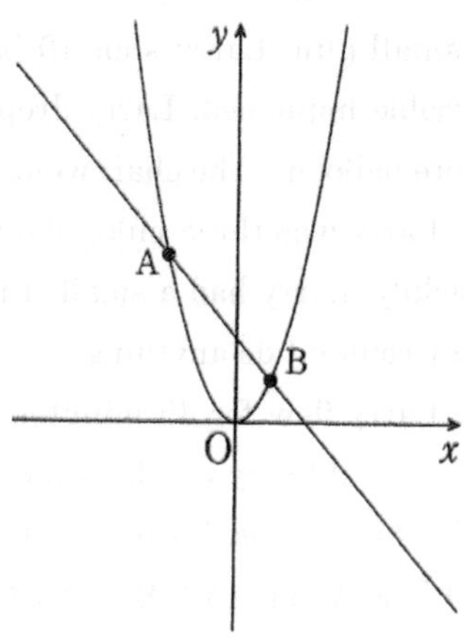

(1)　aの値を求めなさい。

| 42 |　①$a=2$　②$a=4$　③$a=-2$　④$a=\frac{1}{2}$

(2)　Bの座標を求めなさい。

| 43 |　①(1，3)　②(2，1)　③(2，2)　④(2，3)

(3)　△OABの面積を求めなさい。

| 44 |　①6　②8　③12　④24

4　次の図のように，底面の半径が4cm，母線の長さが12cmの円すいがある。円すいの頂点をA，底面の1つの直径をBC，線分ABの中点をMとする。このとき，次の問いに答えなさい。ただし，円周率はπとする。

(1)　円すいの高さAOを求めなさい。

| 45 |　①$4\sqrt{2}$cm　②8cm　③$8\sqrt{2}$cm　④$32\sqrt{2}$cm

(2)　円すいの展開図をかくとき，側面になるおうぎ形の中心角の大きさを求めなさい。

| 46 |　①120°　②150°　③180°　④240°

(3)　円すいの側面積を求めなさい。

| 47 |　①$12\pi$ cm^2　②$24\pi$ cm^2　③$36\pi$ cm^2　④$48\pi$ cm^2

(4)　この円すいの側面上に点Bから線分ACと交わり，点Mまで線を引くとき，最も短くなるように引いた線の長さを求めなさい。

| 48 |　①$4\sqrt{7}$cm　②$6\sqrt{7}$cm　③$6\sqrt{5}$cm　④$12\sqrt{7}$cm

【英　語】（50分）〈満点：100点〉

1. 次の英文を読み，問いに答えなさい。

Larry Walters wants to be a pilot. He wants to fly an airplane. But Larry is not a rich man, so he doesn't have a plane.

One day, Larry *tied 45 big *helium balloons to his chair and then sat in(ア)it. The chair went up. For a few minutes, everything was fine. The view from the chair was beautiful. Larry could see houses and trees below him. He was happy. He was flying!

The chair went up very high. Larry began to be afraid. He wanted to go down a little. So, with a small gun, Larry shot 10 balloons. The chair slowed down for a moment. Then something terrible happened. Larry dropped the gun, and it fell to the ground. Larry couldn't shoot any more balloons. The chair went up again.

Larry was three miles above the ground now. Airplanes were flying over him and under him. Luckily, Larry had a small *radio. "Help! Help!" he said into the radio. People heard Larry, but they couldn't do anything.

Larry flew for 45 minutes. Then the balloons began to lose helium. Slowly, the chair came down, and Larry was back on the ground. He was not hurt. Larry says,
"For 45 minutes, I was a pilot — the pilot of(　イ　).

注）* tie A to B : AをBにつなぐ　*helium :ヘリウムガス
　* radio :無線機

（1）～（4）の問いに対する答えとして最も適切なものを1～4からそれぞれ選び，数字をマークしなさい。

（1）What does Larry Walters want to be?
　1　A doctor　　2　A rich man　　3　An airplane　　4　A pilot

（2）What did he use to go up?
　1　Birds　　2　Airplane　　3　Helium balloons　　4　Humans

（3）How many balloons could he shoot with his gun?
　1　10 balloons　　2　45 balloons　　3　35 balloons　　4　All the balloons

（4）How was Larry back on the ground?
　1　He shoot helium balloons.
　2　People on the ground helped him.
　3　He jumped from the chair.
　4　The balloons lose helium.

（5）下線部(ア)のitが指すものを1～4から選び，数字をマークしなさい。
　1　his chair　　2　helium balloons　　3　a plane　　4　Larry Walters

（6）(イ)に入る最も適切なものを1～4から選び，数字をマークしなさい。
　1　a radio　　2　a pilot　　3　Larry　　4　a chair

2. 次の各単語の最も強く発音する部分の下の数字を選び，マークしなさい。

(7) im - age　1　2

(8) in - jure　1　2

(9) be - fore　1　2

(10) in - tro - duce　1　2　3

(11) con - tin - ue　1　2　3

(12) an - y - thing　1　2　3

(13) en - gi - neer　1　2　3

(14) un - der - stand　1　2　3

(15) va - ca - tion　1　2　3

(16) cal - en - dar　1　2　3

3. 次の各文の(　　)に入る最も適切なものを1～4から選び，数字をマークしなさい。

(17) In summer, Mai goes to pool near her house to(　　).

1 swim　2 swims　3 swimming　4 swum

(18) This room(　　　)by a lot of students.

1 use　2 is used　3 is using　4 used

(19) (　　　)is very cold in Tokyo in winter.

1 This　2 That　3 It　4 They

(20) Have you(　　　)your homework yet?

1 finish　2 to finish　3 finishing　4 finished

(21) There(　　　)your cat under the chair yesterday.

1 are　2 is　3 were　4 was

(22) My father and I(　　　)going to go fishing next month.

1 is　2 are　3 am　4 were

(23) It is so hot in this room.(　　　)you open the window?

1 May　2 Must　3 Shall　4 Could

(24) I hope(　　　)my house in the future, so I must work very hard.

1 buy　2 bought　3 to buy　4 buying

(25) My car is as(　　　)as your father's.

1 new　2 more new　3 newer　4 newest

(26) You're playing video games(　　　)a long time.

1 among　2 for　3 during　4 between

(27) "(　　　)did you study today?" — "I studied English."

1 What　2 Where　3 When　4 Who

(28) We enjoyed(　　　)in the new pool.

1 to swim　2 swimming　3 being swimming　4 being swum

(29) I was(　　　)on the phone when my father came back home.

1 talk　2 talking　3 talked　4 talks

(30) He is the tallest (　　　) his class.

1 in　　2 of　　3 with　　4 for

4．各組の語の中で下線部の発音が他と異なる語を1～4から選び，数字をマークしなさい。

(31) 1 said　　2 wait　　3 play　　4 train

(32) 1 hope　　2 old　　3 cow　　4 open

(33) 1 about　　2 south　　3 country　　4 out

(34) 1 through　　2 together　　3 three　　4 fifth

(35) 1 hard　　2 father　　3 far　　4 heard

5．次の各文を意味が通る英文になるように(　　　)内の語句を並べ替え，2番目と4番目に来る語句の適切な組み合わせを1～4から選び，数字をマークしなさい。ただし，文頭の語も小文字にしてある。

(36) (① you ② play ③ how ④ do ⑤ often) baseball?

1 ④-①　　2 ②-④　　3 ⑤-①　　4 ④-⑤

(37) I (① do ② have ③ homework ④ my ⑤ to).

1 ⑤-④　　2 ①-④　　3 ④-①　　4 ⑤-③

(38) (① my brother ② a car ③ wants ④ in ⑤ made) Germany.

1 ③-⑤　　2 ②-③　　3 ①-⑤　　4 ⑤-②

(39) (① ever ② have ③ you ④ to ⑤ been) Hokkaido?

1 ③-④　　2 ③-⑤　　3 ②-④　　4 ①-⑤

(40) I (① to ② going ③ watch ④ am ⑤ the movie) next week.

1 ①-⑤　　2 ⑤-④　　3 ②-③　　4 ①-③

6．次の定義に当てはまる単語を1～4から選び，数字をマークなさい。

(41) a hard brown sweet food

1 banana　　2 curry　　3 chocolate　　4 corn

(42) a round white vegetable with a brown

1 onion　　2 carrot　　3 meat　　4 pumpkin

(43) a set of large printed sheets of paper containing news

1 notebook　　2 newspaper　　3 magazine　　4 comic

(44) a large area of water surrounded by land

1 lake　　2 sea　　3 river　　4 island

(45) a large black and white animals like bear

1 panda　　2 zebra　　3 elephant　　4 giraffe

(46) a tool for cutting paper

1 pen　　2 stapler　　3 dictionary　　4 scissors

(47) a place that has machines for doing physical exercise

1 museum　　2 restaurant　　3 gym　　4 library

7. 次の掲示の内容に関しての(48)～(50)の問いに答えなさい。

Game Contest

Gaming Company is having a contest for kids.
Do you think you can invite a new card game?
Send your idea to us by the end of December!

RULES：

・You must be younger than 12 years old and live in Japan.
・The number of cards used for your game must be 60 or under.
・You don't have to make real cards from paper. Just tell us how to play your game.
・Do not copy other games.

PRIZES：

・Gaming Company will sell the winner's game next year. A picture of the winner will be on the game's box.
・First, second and third prize winners will be invited to Gaming Company in Tokyo. They will attend a meeting for our new computer game.

(48)次の語句に続くものとして，最も適切なものを1～4から選び，数字をマークしなさい。

To join the contest, you must

1　buy a game from Gaming Company.
2　make an original card game.
3　work for a day at Gaming Company.
4　make more than 60 cards.

(49)～(50)の問いに対する答えとして最も適切なものを1～4からそれぞれ選び，数字をマークしなさい。

(49)What is the prize for the person with the idea?

1　Gaming Company will give the winner free games.
2　Gaming Company will sell the winner's card game.
3　The winner will take a free trip around Japan.
4　The winner will get a summer job at Gaming Company.

(50)Who is this notice for?

1　People who want to play a new card game.
2　People who want to make real cards from paper.
3　People who want to create a new card game.
4　People who want to copy other games.

問二　A～Eの空欄に入る適当な動物名を、後の①～⑨の中から選びなさい。

A　（　　）をかぶって静かにしている。　解答番号41

B　緊張で、彼は（　　）の鳴くような声しか出なかった。　解答番号42

C　（　　）につままれたように、ぽかんと立ち尽くしていた。　解答番号43

D　年齢は離れているのに、彼とは妙に（　　）が合う。　解答番号44

E　昨日の彼女は（　　）の居所が悪そうに見えた。　解答番号45

①　馬　②　犬　③　牛　④　猫　⑤　狐
⑥　蛇　⑦　蛙　⑧　蚊　⑨　虫

問三　次の各文を読み、空欄 A ～ E に当てはまる故事成句をそれぞれ選びなさい。

（1）最後の詰めが甘く、 A を欠く結果となってしまった。　解答番号46

①　画竜点睛　②　優柔不断　③　切磋琢磨　④　南船北馬

（2）あの店は、良い品も悪い品も B だ。　解答番号47

①　朝三暮四　②　竜頭蛇尾　③　玉石混交　④　羊頭狗肉

（3）この映画のアクションシーンの迫力はまさに C だ。　解答番号48

①　圧勝　②　圧迫　③　圧縮　④　圧巻

（4）彼は勉強もスポーツもよくできるという、 D な人物だ。　解答番号49

①　完璧　②　完壁　③　紺碧　④　癇癖

（5）二人は幼いころから親しい友人同士で、 E 仲だ。　解答番号50

①　鼎（かなえ）の軽重を問う　②　肝胆（かんたん）相照らす
③　木に縁（よ）って魚（うを）を求む　④　春秋に富む

① 或人の屁がくさかったこと
② 本当は或人と一緒に行きたくなかったこと
③ 或人がくしゃみをすること
④ 或人が何度も理由を尋ねてくること

問六 傍線部④「かく」の指す内容として最も適切なものを次から選びなさい。 解答番号31

① くさめくさめ　② やや
③ 比叡山　④ ただ今

問七 傍線部⑤について、この筆者は尼に対してどのように考えているか、最も適切なものを次から選びなさい。 解答番号32

① 清水への参拝という大事な行事で、ひたすらくしゃみを続けている尼に対して、あってはならないことだと批判的に考えている
② 比叡山にいる養君のことを思いやって、ひたすらにまじないをし続ける尼に対して、その志をめったにないことだとほめている
③ 清水へ参拝する途中に病気になってくしゃみが止まらなくなった尼に対して、そのせいで男に絡まれたことに同情している
④ 比叡山にいる養君のことを心配しすぎるあまり、清水への参拝の道すがらまじないをし続ける尼の過保護に対してあきれている

問八 本文の出典は『徒然草』である。次の各問いに答えなさい。

(1)『徒然草』の読みとして最も適切なものを次から選びなさい。 解答番号33

① ぜんぜんぐさ　② ぺんぺんぐさ
③ いたづらぐさ　④ つれづれぐさ

(2)『徒然草』の作者として最も適切なものを次から選びなさい。 解答番号34

① 空海　② 鑑真
③ 兼好　④ 西行

(3)この作品が成立した時代として最も適切なものを次から選びなさい。 解答番号35

① 奈良時代　② 平安時代
③ 鎌倉時代　④ 室町時代

第3問 国語知識に関する以下の各問に答えなさい。

問一 次のことわざとほぼ同じ意味を持つものを、後の①～⑨の中から選びなさい。

A 藪(やぶ)から棒 解答番号36
B 弘法にも筆の誤り 解答番号37
C 月夜に提灯 解答番号38
D 馬の耳に念仏 解答番号39
E 弱り目に祟り目 解答番号40

① 寝耳に水　② 豚に真珠
③ 無用の長物　④ 弘法筆を選ばず
⑤ 二階から目薬　⑥ 藪をつついて蛇を出す
⑦ 河童の川流れ　⑧ 蓼(たで)食う虫も好き好き
⑨ 泣きっ面に蜂

第2問 次の文章を読んで、後の設問に答えなさい。

或人、清水へ参りける(Ⅰ)に、老いたる尼の行き連れたりけるが、道すがら、「①くさめくさめ」と言ひ(Ⅱ)もて行きければ、「尼御前、何事をかくはのたまふぞ(Ⅲ)」と②問ひけれども、応へ(A)もせず、なほ(B)言ひ止まざりけるを、度々問はれ(C)て、③うち腹立ちて、「やや。鼻ひたる時、かくまじなはねば死ぬるなりと申せば、養君の、比叡山に児にておはしますが、ただ今もや鼻ひ給はん(D)と思へば、④かく申すぞかし」と言ひけり。

⑤有り難き志なりけんかし。

※問題作成の都合上、一部表現を改めている

注釈 ○道すがら…道の途中
○養君…乳母が養育を申し上げた、貴人の若君

問一 二重傍線部A～Dの語を現代仮名遣いに直したときに最も適切なものをそれぞれ選びなさい。

A 応へ ① こたへ ② こたう ③ こたふ ④ こたえ 解答番号21

B なほ ① なほ ② なお ③ のう ④ のお 解答番号22

C 問はれ ① とはれ ② とあれ ③ とわれ ④ たわれ 解答番号23

D 給はん ① たまはん ② たもわん ③ たまわん ④ たまはむ 解答番号24

問二 波線部Ⅰ～Ⅲの主語として最も適切なものを次からそれぞれ選びなさい。ただし、同じものを二度使用しても良い。

※解答番号は Ⅰ…解答番号25 Ⅱ…解答番号26 Ⅲ…解答番号27

① 或人 ② 尼 ③ 養君

問三 傍線部①「くさめくさめ」とあるが、なぜそのようにしたのか。最も適切なものを次から選びなさい。 解答番号28

① くしゃみをしたときに、このように言わないと死んでしまうと世間で言われているから
② 比叡山にいる尼が育てた若君が、今まさにくしゃみをしてしまったから
③ 清水への参詣に行く道が寒く、鼻がむずがゆく、くしゃみが出そうだったから
④ 清水に参詣に行く道の途中でおまじないを唱えるのが世間の習わしだったから

問四 傍線部②について、誰が、誰に、何を尋ねたのか、最も適切なものを次から選びなさい。 解答番号29

① 或人が、尼に、なぜくしゃみをし続けているのかを尋ねた
② 或人が、尼に、なぜ「くさめくさめ」と言い続けているのかを尋ねた
③ 尼が、養君に、なぜくしゃみをし続けているのかを尋ねた
④ 尼が、養君に、なぜ「くさめくさめ」と言い続けているのかを尋ねた

問五 傍線部③「うち腹立ちて」とあるが、何に対して腹を立てたのか。最も適切なものを次から選びなさい。 解答番号30

①　動物・植物に関わらず、すべての生物は共通の先祖を持ったため、もとは一つのものと考えると、共生しているのと変わらないと考えられるから

②　細胞内共生説からもわかるように、すべての生物はその細胞内にミトコンドリアと葉緑体を共生させており、生物は気が付かないうちに共生しているから

③　多細胞生物が光合成する単細胞生物と共生することで植物に分化した例だけでなく、動物にも葉緑体と共生する例や、人間も腸内細菌と共生している例があるから

④　実は、人間もウミウシと同じように食べた藻類に含まれた葉緑体を体内に取り入れ、その葉緑体を働かせて、栄養を得ているから

問十一　傍線部⑧「動物と植物の狭間にあるような生き物」として、「ミドリムシ」があげられているがなぜか。その理由として最も適切なものを次から選びなさい。　解答番号 19

①　「ユーグレナ」と「ミドリムシ」という二通りの名前を持つ単細胞生物であるから

②　ミドリムシは鞭毛をもち、動き回る性質を持った単細胞生物であるから

③　ミドリムシは動物図鑑にも名前が載るし、植物図鑑にも名前が掲載されるから

④　ミドリムシは鞭毛と葉緑体という、動物と植物のそれぞれの特徴を持っているから

問十二　本文の授業後に、生徒四人で「生物の進化」について話し合いました。生徒A～Dの話し合いの傍線部①～④の中で本文の内容と食い違う、もしくは触れていないものを選びなさい。　解答番号 20

生徒A　①動物も植物も、何億年もさかのぼれば同じ祖先の生物だって言われても、どうしてもピンとこないのだけど、みんなはどう思う?

生徒B　僕はそう思わないよ。生物は元をたどれば単細胞生物だし、植物も動物も、多少の違いはあっても細胞が集まってできたものなんだから、②ミトコンドリアのように動物にも植物にも共通するものがあるんだから、やっぱり元々違いはなかったって納得できるな。

生徒C　私は、植物と動物の祖先が同じって言われてもピンとこないな。葉緑体が元はバクテリアで、それを食べたら光合成ができるようになったって言っても見たわけじゃないでしょ。私、毎日野菜を食べているけど光合成できないもん。それに植物は根っ子から栄養を吸収しているのだから、③葉緑体の無いユーグレナの仲間が居るように、単に生物には色々な種類がいるだけ、だと思うんだ。

生徒D　このことは、ほかにどんな意見があるのか調べてみたいね。いずれにしても、④植物が動けないのは動物より下等な生物だからではなく、植物がどのような過程を経て動かなくなったのかを考えることが大事だと思うよ。

こと

問六　傍線部③「すべての生物の祖先に手を合わせなければいけないのである」とあるがなぜか。その理由として最も適切なものを次から選びなさい。　解答番号14

①　すべての生き物には命があり、命には敬意を払うべきだから
②　お互いに進化し、生存競争を生き抜いてきたので、互いに尊重し合うべきだから
③　すべての生き物は同じ生き物から進化してきたものであるので敬意を払わなければならないから
④　一つの生き物から枝分かれをしており、全ての生き物の祖先を辿ると共通の祖先へと辿り着くから

問七　傍線部④「植物と人間は親戚どうしとは言っても、私たちはずいぶん昔に、その袂を分かってきた」とあるが、どのような過程を経て両者が分かれていったのか、最も適切なものを次から選びなさい。　解答番号15

①　もともとは動物も植物も同様に、動き回って他の生物を捕食し栄養を得ていたが、ある時植物の祖先が光合成をする生物を捕食し、共生するようになった
②　もともとは動物も植物も同様に、他の生物を食べることで栄養を摂取していたが、ある時植物の祖先がミトコンドリアと共生するようになった
③　もともとは動物も植物も同様に、海中で生活し必要な栄養を得ていたが、ある時植物の祖先が光合成をする生物を捕食し、陸上生活できるようになった
④　もともとは動物も植物も同様に、呼吸をして栄養をエネルギーに変えていたが、ある時植物の祖先がミトコンドリアと共生することで光合成できるようになった

問八　傍線部⑤について、どのような点から植物が奇妙な生物と筆者は述べているのか、次からあてはまらないものを選びなさい。　解答番号16

①　あちこち動き回らない点
②　餌を探さずに生きられる点
③　光合成をして生きていける点
④　祖先は活発に動いていた点

問九　傍線部⑥「共生」とあるが、ここでは何と何がどのように共生しているのか。最も適切なものを次から選びなさい。　解答番号17

①　人間が水をあげ育てることで、野菜や米といった植物の恩恵を受けられる
②　大きな単細胞生物が光合成をおこなう単細胞生物に取り込まれ、一つの細胞内器官になっている
③　大きな単細胞生物の細胞内器官として、光合成をおこなう単細胞生物が取り込まれ一つになっている
④　植物は太陽の光によって成長し、光合成によって酸素を生み出し地球環境が循環している

問十　傍線部⑦について、生物が食べたものと共生することがなぜ珍しくはないのか、その理由として最も適切なものを次から選びなさい。　解答番号18

③ エキ病が猛威を振るう　④ ヤク払いの祈祷を受ける　解答番号4

問二　Ⅰ～Ⅳに当てはまる語として最も適切なものを次からそれぞれ選びなさい。

※解答番号は　Ⅰ…解答番号5　Ⅱ…解答番号6　Ⅲ…解答番号7　Ⅳ…解答番号8

① たとえば　② そして　③ しかし　④ つまり

問三　波線部a～cの語句の本文中での意味として最も適切なものをそれぞれ選びなさい。

a　群雄割拠
① 各地に勢力を張り、対立し競い合っていること
② 群れから孤立して、単独で行動すること
③ 実力者同士が手を組み、協力すること
④ 多くの人たちが集まり、群れをつくること
解答番号9

b　袂を分かつ
① 種類ごとに分別すること
② 今までの関係性を絶つこと
③ 分けたものを回収すること
④ 物事を細かく分けること
解答番号10

c　彷彿とさせる
① 水が沸騰すること
② 消えて無くなること
③ 思い起こさせること
④ 再現させること
解答番号11

問四　傍線部①について、アリストテレスの考える「自然界」の「階層」はどのようなものか、模式図①～④の中から最も適切なものを選びなさい。　解答番号12

【模式図】

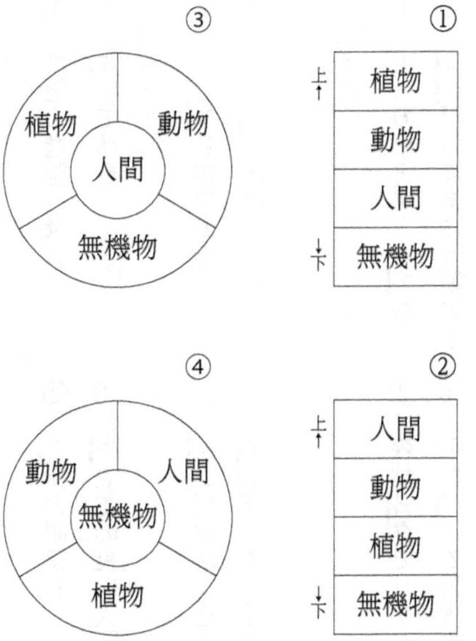

問五　傍線部②「すべて生存競争を勝ち抜いてきた」とあるが、ここでの説明として最も適切なものを次から選びなさい。　解答番号13

① 人間は植物や動物を食せるほどに、生き物の頂点へと上り詰めたということ
② 動物は各々が生きる工夫をして進化を遂げ、生き残ってきたということ
③ 様々な工夫や仕組みを進化させ、植物が生き抜いてきたということ
④ 人間や動物、植物が競い合い、現在まで生き抜いてきたという

むことによって動物の祖先とｂ袂を分かち、植物の祖先になったと考えられているのである。

細胞内共生説をｃ彷彿（ほうふつ）とさせるような共生は、現在でも見られる。

Ⅳ、ミドリアメーバと呼ばれるアメーバの仲間も、体の中に葉緑体を行うクロレラを共生させている。また、コンボルータと呼ばれる扁形（へんけい）動物は体内に藻類を共生させている。そして、光合成から得られた栄養分を利用して暮らしているのだ。

ゴクラクミドリガイと呼ばれるウミウシの仲間も、奇妙な生き物である。このウミウシは、エサとして食べた藻類に含まれていた葉緑体を体内に取り入れ、その葉緑体を働かせて、栄養を得ているのである。

そういえば、人間も口から体内に入った無数の腸内細菌と共生している。

⑦食べたものと共生するというのは、そんなに珍しいことではないのだ。

動物と植物の間の生物

動物と植物とは、まったく相容れない別の生物であるというイメージがあるかも知れない。しかし、そうとばかりは言い切れない。⑧動物と植物の狭間（はざま）にあるような生き物も存在するのである。

最近、ユーグレナという健康食品を耳にするようになった。ユーグレナは和名をミドリムシという単細胞生物である。

ミドリムシは奇妙なことに、動物図鑑にも名前が記載されるし、植物図鑑にも名前が記載される。ミドリムシはその名のとおり、葉緑体を持ち、緑色をしている。葉緑体を持つというのは、植物の特徴である。ところが、このミドリムシは、鞭毛（べんもう）を持ち、泳ぎ回る。この動き回る点は動物である。つまり、ミドリムシは植物の性質と動物の性質を併せ持っているのである。

ミドリムシの進化は明らかではない。しかし、鞭毛を持つ生物が、葉緑体となるバクテリアと共生することで進化を遂げたと考えられる。実際に、ミドリムシの仲間の中には、葉緑体を持たない種類もある。

問一　二重傍線部Ａ～Ｄと同じ漢字を用いるものをそれぞれ選びなさい。

Ａ　禁キ　解答番号1
①　キ望の進路を選ぶ　②　キ待の眼差し
③　キ引で休む　④　キ立ての良い人

Ｂ　オダやか　解答番号2
①　平オン無事である　②　イン居生活を送る
③　日カゲで休む　④　イン気くさい雰囲気だ

Ｃ　アびる　解答番号3
①　毛糸のセーターをアむ　②　森林ヨクでリフレッシュする
③　ヨク望のままに行動する　④　手をアげて発言する

Ｄ　利エキ
①　ご利ヤクがあるお守り　②　エキ伝大会で優勝する

る。

こうして辿って行けば、ついには私たち動物も植物も同じ祖先に辿りつく。考えてみれば、植物も、私たちと同じ祖先を持つ親戚のようなものなのだ。

はるか昔にまで思いを馳せれば、私たちはお墓参りで、③すべての生物の祖先に手を合わせなければいけないのである。

植物の誕生

④植物と人間は親戚どうしとは言っても、私たちはずいぶん昔に、その袂を分かってきた。今となっては、植物という生き物は、人間の生き方とはあまりにかけ離れている。植物は、動物のように動き回ることなく、地面に根を張り、餌を探すこともなく、根から水や養分を吸い、光をCアびることで生きていくことができる。どうして植物はこんなにも奇妙な生き方をしているのだろうか。

⑤奇妙な生物である「植物」の進化を見ていくことにしよう。

地球に生命が生まれたのは、三八億年前。その頃には、動物と植物の区別はなかった。

植物が植物たるゆえんは、光合成を行うことにある。つまり、細胞の中に葉緑体があるのである。

それでは、植物細胞の中の細胞内器官である葉緑体は、どのようにして作られたのだろうか。

じつは、葉緑体はもともと、独立した生物であった。これは、生物学者のマーギュリスが提唱した「細包内共生説」である。葉緑体は、細胞の中で独立したＤＮＡを持ち、自ら増殖していく。そのため、光合成を行う単細胞生物が、他の大きな単細胞生物に取り込まれて、⑥共生していくうちに、細胞内器官となったと考えられているのである。

それでは、どのようにして光合成を行う単細胞生物と、大きな単細胞生物との共生が始まったのだろうか。そんな昔のことは、もはや推察するしかない。［Ⅲ］、現在でもアメーバのような単細胞生物は、餌となる単細胞生物を細胞内に取り込んで、消化する。そのため、最初に大きな単細胞生物が、葉緑体となるバクテリアを取り込んだと考えられている。しかし、このバクテリアは消化されることなく、その細胞の中で暮らすことになったのだ。

共に暮らすことで、単細胞生物は、葉緑体となるバクテリアから栄養分をもらうことができるし、取り込まれたバクテリアもまた光合成では作りだせない無機塩等を単細胞生物からもらうことができる。こうして、共に利Dエキのある共生関係が作られたのである。

それにしても、植物細胞も、祖先は活発に動き回り他の生物を捕えて食べていたことには驚かされる。それが、光合成を行う葉緑体を手に入れたことによって、だんだんと動かなくてもよくなったのである。

細胞内器官として、酸素呼吸をしてエネルギーを生み出すミトコンドリアも、葉緑体と同じようにして細包内に取り込まれたと考えられている。

ただし、ミトコンドリアは植物細胞だけでなく、動物細胞にもある。つまり、ある単細胞生物がミトコンドリアと先に共生をしていて、その後、一部の細胞が、さらに葉緑体となるバクテリアを取り込

【国　語】（五〇分）〈満点：一〇〇点〉

第1問　次の文章を読んで、後の設問に答えなさい。

植物は下等なのか？

　①古代ギリシアの哲学者アリストテレスは、自然界には階層があり、無機物の上に植物があり、植物の上に動物があり、動物の上に人間があると考えた。［Ⅰ］、生物の世界では最下層に植物があり、頂点に人間があるとしたのである。

　仏教の世界では、殺生を禁じているので、動物の肉を食べることは禁止されている。ただし、肉食を禁止されているはずの仏僧も、米や野菜は食べていた。もちろん、植物も食べることまで禁Aキとされれば、もはや人間は生きていくことはできないが、米や野菜の命を奪うことは殺生とは見なされなかったのである。

　植物も、命ある生物である。

　すべての生物は自然界を生き抜くために、さまざまな進化を遂げ、高度な仕組みを発達させている。それは植物も同じである。

　植物はただ、なんとなく生えているように思えるかも知れないが、植物も厳しい環境を生き抜くために、高度な仕組みを発達させている。植物は、何とも平和的でBオダやかな暮らしをしているように見えるかも知れないが、植物も日々、厳しい生存競争にさらされている。a群雄割拠（ぐんゆうかっきょ）な植物たちがひしめきあって光を奪い合い、生存空間を奪い合う競争の厳しさは、現代人の競争社会の比ではない。

　植物にとっても、生きていくということは、とても大変なことなのだ。

　そして、今を生き抜いている植物は、②すべて生存競争を勝ち抜いてきたものばかりだ。そうだとすれば、何気なく生えている植物の暮らしにも、厳しい環境を生き抜き、競争を勝ち抜く、さまざまな生きる工夫や仕組みがあるはずなのである。

植物と人間の共通の祖先

　お彼岸には、祖先を供養するためにお墓参りをする。

　あなたの祖先をたどってみると、どこまで遡れるだろうか。三代前は、もうわからないという方もいるだろうし、十代以上も家系が遡れる方もいるだろう。あなたの祖先が何代前まで、何年前まで遡れるかはわからないが、数十万年前までたどっていくと、人類は共通の祖先にたどりつくだろう。［Ⅱ］、二〇〇万年も遡れば、原人も含めたヒト属の祖先に行き着く。もっと遡れば、人類は、チンパンジーやオランウータンなど類人猿と共通の祖先を持ち、類人猿と親戚どうしであることがわかるだろう。

　類人猿は小さなサルから進化を遂げたし、サルも含めた哺乳類（ほにゅうるい）の祖先は、現代のネズミのような小さな生物であったと考えられている。

　この哺乳類は爬虫類（はちゅうるい）の一部から進化したとされている。そして遡れば爬虫類は両生類から進化をし、両生類は魚類から進化した。四億年あまり昔の古生代シルル紀にまで先祖をたどれば、人間もすべての動物も、鳥もトカゲもカエルも魚も、皆、同じ祖先に遡ることができるのである。

　まだまだ祖先をたどってみよう。さらに遡って六億年も昔になれば、私たち脊椎動物の祖先と、昆虫たち節足動物の祖先は共通にな

2024年度

解 答 と 解 説

《2024年度の配点は解答欄に掲載してあります。》

＜数学解答＞

1 (1) 1 − 2 7 (2) 3 1 4 2 (3) 5 − 6 8 (4) 7 − 8 6 9 5 10 4 11 4 (5) 12 2 13 3 (6) 14 3 15 5 (7) 16 4 17 5 (8) 18 − 19 2 20 2 21 2 (9) 22 5 23 8 (10) 24 2 25 1 (11) 26 3 (12) 27 − 28 2 29 5

2 (1) 30 ③ (2) 31 ② (3) 32 ③ (4) 33 ① (5) 34 ④ (6) 35 ③ (7) 36 ④ (8) 37 ① (9) 38 ① (10) 39 ② (11) (ア) 40 ② (イ) 41 ④

3 (1) 42 ④ (2) 43 ③ (3) 44 ③

4 (1) 45 ③ (2) 46 ① (3) 47 ④ (4) 48 ②

○配点○

1, 2 各3点×24　3, 4 各4点×7　計100点

＜数学解説＞

基本 1 （数・式の計算，平方根の計算，式の展開，因数分解，一次方程式，二次方程式）

(1) $-5+8\div(-4)=-5-2=-7$

(2) $(-4)^2-2^2=16-4=12$

(3) $-18\div\frac{9}{4}=-18\times\frac{4}{9}=-8$

(4) $(9x^4+6x^3)\times\left(-\frac{2}{3}x\right)=9x^4\times\left(-\frac{2x}{3}\right)+6x^3\times\left(-\frac{2x}{3}\right)=-6x^5-4x^4$

(5) $\sqrt{48}-2\sqrt{3}=4\sqrt{3}-2\sqrt{3}=2\sqrt{3}$

(6) $\frac{6}{\sqrt{2}}+(\sqrt{2}+1)^2=\frac{6\sqrt{2}}{2}+2+2\sqrt{2}+1=2+1+3\sqrt{2}+2\sqrt{2}=3+5\sqrt{2}$

(7) $\frac{3x+y}{2}-\frac{2x-3y}{4}=\frac{2(3x+y)-(2x-3y)}{4}=\frac{6x+2y-2x+3y}{4}=\frac{4x+5y}{4}$

(8) $-54a^4b^3\div27a^2b=-54a^4b^3\times\frac{1}{27a^2b}=-2a^2b^2$

(9) $(x-2)^2-(x-4)=x^2-4x+4-x+4=x^2-5x+8$

(10) $x^2-x-2=x^2+(-2+1)x+(-2)\times1=(x-2)(x+1)$

(11) $\frac{5}{3}x-2=3$，$\frac{5}{3}x=5$，$x=5\times\frac{3}{5}=3$

(12) $x^2-3x-10=0$，$(x+2)(x-5)=0$，$x=-2$，5

基本 2 （式の値，素数，文字式，2次方程式，比例関数，平方根と平方数，2乗に比例する関数の変域，角度，時間と速さと距離の計算，平均，確率）

(1) $4x^2-5y=4\times3^2-5\times2=4\times9-10=36-10=26$

(2) 20以下の整数のうち，素数は2，3，5，7，11，13，17，19の8個

(3) nが整数のとき，$2n$は偶数なので，$2n+1$はつねに奇数になる。$n+1$はnが奇数のとき，n^2はnが偶数のとき，偶数になる。

(4)　$x^2-3x-a=0$に$x=2$を代入すると，$2^2-3\times2-a=0$，$4-6-a=0$，$a=-2$

(5)　$y=ax$に$x=5$，$y=-20$を代入すると，$-20=5a$，$5a=-20$，$a=-4$　　よって，$y=-4x$

(6)　$\sqrt{24n}=2\sqrt{6n}$　　よって，求めるnの値は，$n=6$

(7)　$y=x^2\cdots$(i)　　xの変域に0を含んでいるので，$x=0$のとき(i)は最小値0をとる。-1と2とでは，2の方が絶対値が大きいので，$x=2$のとき(i)は最大値をとる。(i)に$x=2$を代入して，$y=2^2=4$　　よって，求める変域は，$0\leqq y\leqq4$

(8)　円周角の定理から，$\angle x=42°\div2=21°$

(9)　時間＝距離÷速さから，$24\div6=4$(時間)

(10)　$(5+5+6+7+10+11+12+12+13)\div9=81\div9=9$(本)

(11)　(ア)　1枚の硬貨を続けて3回投げるときの裏表の出かたは$2\times2\times2=8$(通り)　　そのうち，表は1回，裏が2回出る場合は，(表，裏，裏)，(裏，表，裏)，(裏，裏，表)の3通り　　よって，求める確率は，$\frac{3}{8}$

(イ)　3回とも裏が出る場合は，(裏，裏，裏)の1通り　　よって，少なくとも1回は表が出る確率は，$1-\frac{1}{8}=\frac{7}{8}$

3　(図形と関数・グラフの融合問題)

基本　(1)　$y=ax^2$に点Aの座標を代入すると，$8=a\times(-4)^2$，$16a=8$，$a=\frac{8}{16}=\frac{1}{2}$

(2)　$y=\frac{1}{2}x^2\cdots$(i)　　$y=-x+4\cdots$(ii)　　(i)と(ii)からyを消去すると，$\frac{1}{2}x^2=-x+4$　　両辺を2倍して，$x^2=-2x+8$，$x^2+2x-8=0$，$(x+4)(x-2)=0$，$x=-4$，2　　$x>0$から点Bのx座標は2　　(ii)に$x=2$を代入して，$y=-2+4=2$　　よって，B(2，2)

重要　(3)　直線ABとy軸との交点をCとすると，$\triangle OAB=\triangle OAC+\triangle OBC=\frac{1}{2}\times4\times4+\frac{1}{2}\times4\times2=8+4=12$

4　(空間図形の計量問題－三平方の定理，中心角，側面積，最短距離)

基本　(1)　AB＝12，OB＝4　　△ABOにおいて三平方の定理を用いると，$AO=\sqrt{AB^2-OB^2}=\sqrt{12^2-4^2}=\sqrt{144-16}=\sqrt{128}=8\sqrt{2}$(cm)

(2)　$360°\times\frac{2\pi\times4}{2\pi\times12}=360°\times\frac{1}{3}=120°$

(3)　$\pi\times12^2\times\frac{120°}{360°}=\pi\times144\times\frac{1}{3}=48\pi$(cm^2)

重要　(4)　側面の展開図をかくと，求める長さは線分BMになる。AB＝12，AM＝6，∠BAM＝120°　　点Mから直線BAへ垂線MHをひくと，∠MAH＝180°－120°＝60°　△MAHは∠MAH＝60°の直角三角形になるから，$AH=\frac{AM}{2}=\frac{6}{2}=3$，$MH=3\sqrt{3}$　　BH＝BA＋AH＝12＋3＝15　　直角三角形BMHにおいて三平方の定理を用いると，$BM=\sqrt{BH^2+MH^2}=\sqrt{15^2+(3\sqrt{3})^2}=\sqrt{225+27}=\sqrt{252}=6\sqrt{7}$(cm)

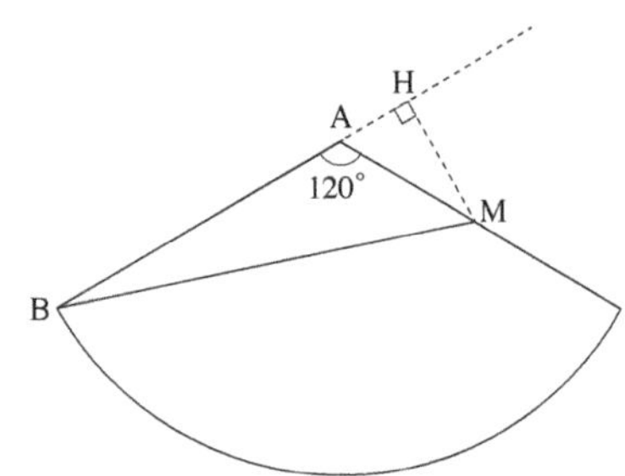

★ワンポイントアドバイス★

3(3)で，△OABの面積を△OACと△OBCの和として計算するとき，OCを底辺とすると高さはそれぞれ点Aと点Bのx座標の絶対値になる。－をつけたままで計算しないように気をつけよう。

<英語解答>

1. (1) 4 (2) 3 (3) 1 (4) 4 (5) 1 (6) 4
2. (7) 1 (8) 1 (9) 2 (10) 3 (11) 2 (12) 1 (13) 3 (14) 3
(15) 2 (16) 1
3. (17) 1 (18) 2 (19) 3 (20) 4 (21) 4 (22) 2 (23) 4
(24) 3 (25) 1 (26) 2 (27) 1 (28) 2 (29) 2 (30) 1
4. (31) 1 (32) 3 (33) 3 (34) 2 (35) 4
5. (36) 3 (37) 1 (38) 1 (39) 2 (40) 3
6. (41) 3 (42) 1 (43) 2 (44) 1 (45) 1 (46) 4 (47) 3
7. (48) 2 (49) 2 (50) 3

○配点○
各2点×50 計100点

<英語解説>

重要 1. (長文読解問題・物語文：指示語，語句補充，内容吟味)

(全訳) ラリー・ウォルターズはパイロットになりたがっている。彼は飛行機で飛びたいと思っているが，ラリーは裕福ではないので飛行機を持っていない。

ある日，ラリーは54個の大きなヘリウムガスの風船を自分の椅子に結びつけ，ア<u>それ</u>に座った。椅子は空中に浮かび上がった。数分間はすべてが順調だった。椅子からの眺めは美しかった。ラリーは下にある家や木を見ることができた。彼は幸せだった。彼は飛んでいたのだ！

椅子はとても高く上がった。ラリーは恐怖を感じ始めた。少し下に降りたいと思った。だから，小さな銃で10個の風船を撃った。椅子は一瞬で減速した。そのとき，何か恐ろしいことが起こった。ラリーは銃を落としてしまい，それは地面に落ちてしまったのだ。ラリーはこれ以上風船を撃つことができなかった。椅子は再び上昇した。

ラリーは今，地上から三マイルの高さにいた。飛行機が彼の上を飛んでいた。幸運にも，ラリーは小さな無線機を持っていた。「助けて！助けて！」と彼は無線で叫んだ。人々はラリーの声を聞いたが，何もすることができなかった。

ラリーは45分間飛行した。その後，風船は徐々にヘリウムを失い始めた。ゆっくりと椅子は地上に戻り，ラリーは無事だった。ラリーは「45分間，私はパイロットでした―イ<u>椅子</u>のパイロットです」と言う。

(1) 「ラリー・ウォルターズは何になりたいと思っているか」 第1段落第1文参照。ラリーは「パイロット」になりたがっている。
(2) 「彼は何を使って空に上がったか」 第2段落第1文参照。ラリーは「ヘリウムガスの風船」を使って空に上がった。
(3) 「彼は何個の風船を撃つことができたか」 第3段落第4文参照。ラリーは「10個の風船」を撃った。
(4) 「ラリーはどのように地上に戻ったか」 第5段落第2文参照。風船がヘリウムを失い始めたため，ラリーは地上に戻った。
(5) 指示語は直前の名詞 his chair を指している。
(6) ラリーは椅子に座って空中を飛んだので「椅子」のパイロットである。

基本 2.（アクセント）

(7) 第1音節を最も強く発言する。
(8) 第1音節を最も強く発言する。
(9) 第2音節を最も強く発言する。
(10) 第3音節を最も強く発言する。
(11) 第2音節を最も強く発言する。
(12) 第1音節を最も強く発言する。
(13) 第3音節を最も強く発言する。
(14) 第3音節を最も強く発言する。
(15) 第2音節を最も強く発言する。
(16) 第1音節を最も強く発言する。

重要 3.（語句補充問題：不定詞，受動態，現在完了，助動詞，比較，熟語）

(17)「泳ぐために」を意味する不定詞の副詞的用法を用いる。
(18) 受動態は<be 動詞 ＋ 過去分詞 ＋ by～>で「～によって…される」となる。
(19) 天候を述べる場合には it を用いる。
(20) 現在完了の疑問文は<Have ＋ 主語 ＋ 過去分詞>の形になる。
(21) 過去の文で名詞が単数なので，be 動詞は was を用いる。
(22) 主語が複数なので，be動詞は are を用いる。
(23) Could you ～ ?「～してくれませんか」
(24) hope to ～「～することを望む」
(25) <as ＋ 原級 ＋ as ～>「～と同じくらい…だ」
(26) for a long time「長い間」
(27) 勉強した科目を答えているので「何を勉強しましたか」が適切である。
(28) enjoy の後は動名詞のみを目的語にとる。
(29) <was ＋ ～ing>「～していた」という過去進行形の文になる。
(30) <the ＋ 最上級 ＋ in ～>「～の中で最も…だ」

4.（発音問題）

(31) 1は[e]，それ以外は[ei]と発音する。
(32) 3は[au]，それ以外は[ou]と発音する。
(33) 3は[ʌ]，それ以外は[au]と発音する。
(34) 2は[ð]，それ以外は[θ]と発音する。
(35) 4は[əː]，それ以外は[ɑː]と発音する。

重要 5.（語句整序問題：助動詞，分詞，現在完了）

(36) How often do you play (baseball?) How oftenで回数を尋ねる疑問文になる。
(37) (I) have to do my homework(.) have to～「～しなければならない」
(38) My brother wants a car made in (Germany.) made in Germany は前の名詞を修飾する分詞の形容詞的用法である。
(39) Have you ever been to (Hokkaido?) have been to～「～に行ったことがある」
(40) (I) am going to watch the movie (next week.) be going to～「～するつもりだ」

基本 6.（単語）

(41)「固くて茶色い甘い食べ物」＝チョコレート
(42)「茶色い皮を持つ白い丸い野菜」＝玉ねぎ

(43) 「ニュースが印刷された大きな紙の集まり」＝新聞
(44) 「土地に囲まれた大きな水域」＝湖
(45) 「クマのような大きな黒と白の動物」＝パンダ
(46) 「紙を切るための道具」＝ハサミ
(47) 「体を鍛えるための機械がある場所」＝ジム

7.（資料問題）

（全訳）

ゲームコンテスト

ゲーム会社では，子どもたち向けのコンテストを開催しています。
新しいカードゲームをおこせると思いませんか？
12月末までにあなたのアイデアを送ってください！

ルール：
- 参加者は12歳未満で，日本に居住している必要があります。
- ゲームに使用するカードの数は60枚以下でなければなりません。
- 実際の紙のカードを作る必要はありません。ゲームの遊び方を教えてください。
- 他のゲームをコピーしてはいけません。

賞品：
- ゲーム会社は，来年勝者のゲームを販売します。ゲームボックスには勝者の写真が掲載されます。
- 一等，二等，三等の賞を受賞した人は，東京のゲーム会社に招待されます。新しいコンピューターゲームの会議に参加します。

(48) コンテストに参加するためには，ルールに基づいて，独自のカードゲームを作る必要がある。
(49) 「アイデアを提供した人に対する賞品は何か」 賞品として，ゲーム会社は勝者のカードゲームを販売する。
(50) 「このお知らせは誰向けか」 お知らせは新しいカードゲームを作りたい人向けである。

★ワンポイントアドバイス★

単語に関する問題も多く出題されている。教科書に載っている英単語は意味がわかるまで反復して覚えよう。また，過去問を解いて出題傾向に慣れるようにしよう。

＜国語解答＞

第1問 問一 1 ③ 2 ① 3 ② 4 ① 問二 5 ④ 6 ② 7 ③ 8 ① 問三 9 ① 10 ② 11 ③ 問四 ② 問五 ③ 問六 ④ 問七 ① 問八 ④ 問九 ③ 問十 ③ 問十一 ④ 問十二 ③

第2問 問一 21 ④ 22 ② 23 ③ 24 ③ 問二 25 ① 26 ② 27 ② 問三 ① 問四 ② 問五 ④ 問六 ① 問七 ② 問八 33 ④ 34 ③ 35 ③

第3問 問一 36 ① 37 ⑦ 38 ③ 39 ② 40 ⑨ 問二 41 ④ 42 ⑧ 43 ⑤ 44 ① 45 ⑨ 問三 46 ① 47 ③ 48 ④

49 ①　50 ②

○配点○

各2点×50　計100点

＜国語解説＞

第1問　(論説文－漢字の読み書き・接続語の問題・内容吟味・文脈把握・大意)

問一　A 「禁忌」は，忌んで禁ずること。してはいけないこと。忌は，きらって避けるや憎む・嫉むや人が死んだ際，一定の期間慎むという意味もある。①希望　②期待　③忌引き　④気立て　B 「穏やか」は，しずか・安らかという意味ある。①平穏　②隠居　③日陰　④陰気　C 「浴びる」は，水やほこりなどを全身に受けることを表す。①編む　②森林浴　③欲望　④手を挙げて　D 「利益」は，事業などをして得るもうけ。得になること。①ご利益　②駅伝　③疫病　④厄払い

やや難　問二　接続語の問題である。Ⅰの文章の後は「のである」で終わっている。「のだ」「である」は前の文章を強調・断定する働きをする。説明の接続詞「つまり」「すなわち」を使う。④つまりが正解である。　Ⅱの文章の前は，「人類は共通の祖先にたどりつくだろう」と書かれており，Ⅱの後の文章にも「二〇〇万年も遡れば，原人も含めたヒト属の祖先に行き着く」とあり，前の事柄に加えて，もう一つの事柄を付け加えるときに文と文を繋ぐときに使われる。②「そして」が正解である。　Ⅲ前の事柄が予想されている結果とは逆の結果になることを示す逆接を表す③「しかし」が正解である。　Ⅳの前の文章は，細胞内共生説について書かれている。それに追加して情報を述べているので，①「たとえば」が正解である。

問三　a　群雄割拠とは，「群雄」は，たくさんの英雄実力者という意味と「割拠」は，土地を分かち取りそこを本拠地として勢力をはることという意味二つを合わせているので，たくさんの英雄や実力者たちが各地に勢力をもち，お互いに競い合っていること。①各地に勢力を張り，対立し競い合っていることが適当である。　b　袂を分かつとは，行動を共にした人と別れる。関係を断つ。離別するという意味がある。②今までの関係を絶つことが適当である。　c　彷彿とさせるとは，あるものが，おのずから何かを連想させる様子。はっきりと脳裏に浮かぶさまという意味がある。③思い起こさせることが適当である。

問四　傍線①の後に「自然界には階層があり，無機物の上に植物があり，植物の上に動物があり，動物の上に人間があると考えた」と書かれてあるので，それと同じ並びになっている図を選ぶとよい。

問五　植物は，ただなんとなく生きている訳ではなく，厳しい環境を生き抜くために高度な仕組みを発達させて，厳しい環境のなかでも競争を勝ち抜き工夫や仕組みができている。

問六　傍線③の前の本文をみてみると，祖先を遡って6億年も昔になれば，私たち脊椎動物の祖先と昆虫たち節足動物の祖先は共通になり親戚のようなものであると書かれている。

重要　問七　傍線④の後に植物と動物がずいぶん昔にどのようにして袂を分かってきたかが述べられている。生物学者マーギュリスが提唱した「細胞内共生説」により，葉緑体は，細胞の中で独立したDNAを持っており，自ら増殖していき，単細胞生物が他の大きな単細胞生物に取り込まれることにより共生していくことができるようになった。そのことで，植物は動き回らなくてもよくなったのである。

問八　本文にあてはならないものを選ぶので，傍線⑤の前の本文を見てみると「植物は動物のように動き回ることなく，地面に根を張り，餌を探すこともなく，根とから水や養分を吸い，光を浴

びることで生きていくことができる」と述べられているため，④祖先は活発に動いていた点というのが，正解である。

問九　傍線⑥の前の文章に「光合成を行う単細胞生物が，他の大きな単細胞に取り込まれて」とあり，共生していく過程が書かれている。

問十　傍線⑦の前の文章を読んでいくと，単細胞生物がミトコンドリアに共生したり，ミドリアメーバーの仲間は，身体の中に葉緑体を行うクロレラを共生せており，人間も口から体内に入った無数の腸内細菌と共生しているとさまざまな例を出して説明されている。

問十一　傍線⑧の後にミドリムシのことが書いてあり，葉緑体を持っているのでそれは植物の特徴で，また鞭毛を持ち，泳ぎ回るのは動物の特徴である。ミドリムシは植物の性質と動物の性質を併せ持っていると述べられている。

やや難 問十二　生徒cの傍線③の中に，葉緑体のないユーグレナの仲間とあるが，ユーグレナはミドリムシを使った健康食品の名前であるため，本文の内容と食い違ってくる。③葉緑体のないユーグレナの仲間が居るように，単に生物にはいろいろな種類がいるだけが正解である。

第2問　(古文－仮名遣い・文脈把握・現代語訳・品詞・指示語・大意)

〈古語訳〉　ある人が清水寺に参詣した所，年老いた尼と道で一緒になったが，道の途中「くさめくさめ」と言いながら歩いているので「尼御前，何事をそのようにおっしゃっているのですか」と質問したが，やはり言いやまないのを，何度も質問されて，尼は腹を立てて「ええくそ，くしゃみをした時，このように呪文を唱えないと死ぬというので，乳母としてお育てしたわが養い君が比叡山に稚児としていらっしゃるのだが，たった今もしかしたら，くしゃみをなさっているかもと思えば，このように申しているのですよ」と言った。めったにない志であることよ。

問一　A 「応」の訓読みは，「こた」「おう」である。また，語頭と助詞以外の「は・ひ・ふ・へ・ほ」は，「わ・い・う・え・お」に置き換える。　B　語頭と助詞以外の「は・ひ・ふ・へ・ほ」は，「わ・い・う・え・お」に置き換える。　C 「問」の訓読みは，「と」である。語頭と助詞以外の「は・ひ・ふ・へ・ほ」は，「わ・い・う・え・お」に置き換える。　D 「給」の訓読みは，「たま」である。語頭と助詞以外の「は・ひ・ふ・へ・ほ」は，「わ・い・う・え・お」に置き換える。

やや難 問二　I　前を見るとどこに参るのかが書かれており，その前に誰が行くのか書かれている。

II　前に「くさめくさめ」と言っているのが誰か読んでみると尼であることがわかる。　III 「尼御前，何事をかくは」と或人が聞いているので，聞かれているのは尼であることがわかる。

問三　本文の後ろで「やや。鼻ひたる時，かくまじきなはねば死ぬなりと申せば」と言っており，古語訳をすると，くしゃみをしたときに，このまじないをしなければ，死んでしまうと言うではないか。とある。

やや難 問四　傍線②の問ひけれどもの前に，「「尼御前，何事をかくはのたまふぞ」と問ひけれども，応へもせず，なほ言ひ止まざりける」とあるため，②或人が，尼に，なぜ「くさめくさめ」と言い続けているのかを尋ねたが適切である。

問五　傍線③の前に「度々問われて」とあり，そのことが嫌だったことがわかる。

やや難 問六　「かく」は指示語で，「こう・この・このように」などと訳す。指示語がある場合は，すぐ前を読むと答えが載っていることが多いので見てみると，「ただ，今もや鼻ひ給はんと思へば」とある。

問七　有難きは，「有る」ことが「難しい」で「めったにない」という意味である。②比叡山にいる養君のことを思いやって，ひたすらにまじないをし続ける尼に対して，その志をめったにないことだとほめているが正解である。

問八　(1)　④つれづれくさと読む。徒然草は，短編随筆で，枕草子・方丈記と並ぶ日本古典文学三大随筆にあげることができる。「徒然」とは，時間はあるがすることなく退屈なさま，手持ちぶさたで寂しいなどを表す言葉である。「無常観」と言われる思想が描かれている。人の命や人生・社会のはかなさなどを訴えている。　(2)　徒然草の作者は，吉田兼好や兼好法師の名で知られている卜部兼好(1283～1350年)である。鎌倉末期に書いた随筆集である。　(3)　徒然草が成立した時代は，鎌倉時代であった。鎌倉幕府が崩壊の時を迎えつつあり，天皇家では即位継承を巡る争いがあり，この先どうなっていくのか不安な世の中であった。

第3問　(国語知識・ことわざ・慣用句・熟語)

問一　A　藪から棒とは，唐突である様子。前触れや前置きがないこと。なので，思いがけない出来事が，突然起きてびっくりする様子の①寝耳に水が正解である。　B　弘法にも筆の誤りとは，どんな名人でも，まちがえることがあるということ。どんなにその道の達人や名人であっても，時には失敗するというたとえの⑦河童の川流れが正解である。　C　月夜に提灯とは，不必要なことでも，世間への見栄のために必要なこともある。あってもなんの役に立たないどころか，むしろ邪魔(じゃま)になるものの喩え③無用の長物が正解である。　D　馬の耳に念仏とは，何か注意されたり意見を言われたりしても，ぜんぜん聞く耳をもたず，効き目がないこと。値打ちがわからない者に，どんなに立派な物をあたえても役に立たないということの②豚に真珠が正解である。　E　弱り目に祟り目とは，困っているときに，さらに困ったことが重なっておきること。悪いことが起きた中で，さらに悪いことが重なっておこることの⑨泣きっ面に蜂が正解である。

基本　問二　A　猫を被るとは本性を隠して静かにしていることである。猫は一見大人しそうにみえることからきている。　B　蚊の鳴くような声とは，蚊の羽音のように，かすかで弱々しい声のことである。　C　狐につままれるとは，意外なことが突然起こって，わけがわからず，ぼんやりする様子の喩えである。　D　馬が合うとは，気持がよく合い，行動を共にしやすい。相性が良いこと。　E　虫の居場所が悪いとは，機嫌が悪くいらいらしていて，ちょっとしたことでも怒り出しそうなようすである。

問三　(1)　中国の絵の名人が竜の絵を描いて，最後に瞳を描き入れると，竜が天に昇ったという故事に由来しており，大事な仕上げという意味がある。その仕上げを欠いてしまうということに由来している。睛は瞳のことを指す。晴や晴の旧字体，晴という漢字と間違わないように注意が必要である。　(2)　晋(しん)の国のかっこうという人が宝石と石が入り混じって本当に嘆かわしいと批判したことからきている。　(3)　巻は，昔の中国の役人になる登用試験の答案。最優等者のものをいちばん上にのせて，圧をかけた。上から抑えることである。　(4)　中国の戦国時代に「和氏の璧」という立派な宝石が趙という国にあり，秦という国の王様，昭王がほしくなって，「我が国の15の城と交換してほしい」と申し出た。でも，趙(ちょう)の国の使者，藺相如(りんしょうじょ)が秦(しん)の国に行くと，昭王は城と交換するつもりがなく，藺相如は命がけでその宝石を持って帰ったところからきている。璧を壁と書かないように注意が必要である。　(5)　「肝胆」は，肝臓と胆嚢(たんのう)のことで，いずれも生命を支える大切な器官であることから，心の奥底，真心のたとえである。中国の「故事必読成語考」朋友賓主の「肝胆相照らす，斯を腹心の友と為す」からきている。

★ワンポイントアドバイス★

現代文の読解は，指示内容や言いかえ表現をすばやくとらえる練習をしておこう！国語知識の問題が多いため，漢字・語句・文法など早めに着手して，確実に得点できる力をつけておこう！　問と解答番号が違うため，途中でずれていないか，確認して問題を進めていこう！

2023年度

★★★★★★★★★★★★★★★★★★★

入　試　問　題

2023年度

我孫子二階堂高等学校入試問題

【数　学】（50分）〈満点：100点〉

1 次の（１）～(12)の□の中にあてはまる数，または式を簡単な形で書きなさい。

（１）$-7-3\times5=$□

（２）$-3^2+(-2)^2=$□

（３）$15\div\left(-\dfrac{5}{2}\right)=$□

（４）$(16x^3-8x^2)\div4x=$□

（５）$5\sqrt{5}-\sqrt{45}=$□

（６）$(\sqrt{3}-1)^2+\dfrac{6}{\sqrt{3}}=$□

（７）$\dfrac{3x-y}{2}+\dfrac{2x-3y}{6}=$□

（８）$30a^2b^3\div5a^2b=$□

（９）$(x-5)(x-1)-(2x-5)=$□

(10)　$2x^2-4x$を因数分解すると□

(11)　一次方程式$\dfrac{3x-5}{2}=3$を解くと，$x=$□

(12)　二次方程式$x^2-9x+20=0$を解くと，$x=$□，$x=$□

2 次の（１）～(11)に答えなさい。

（１）$x=\sqrt{5}$，$y=\sqrt{3}$のとき，$(x+y)^2-2xy$の値を求めなさい。

（２）200を素因数分解しなさい。

（３）yがxに反比例し，$x=2$のとき$y=5$である。このとき，yをxの式で表しなさい。

（４）2点(2，−3)，(−1，6)を通る直線の式を求めなさい。

（５）関数$y=3x^2$について，xが2から4まで増加するとき，変化の割合を求めなさい。

（６）3つの連続する自然数をそれぞれ2乗して足したら149になった。この3つの自然数の中央の数字を求めなさい。

（７）次の図のように$l\,/\!/\,m$のとき，$\angle x$の大きさを求めなさい。

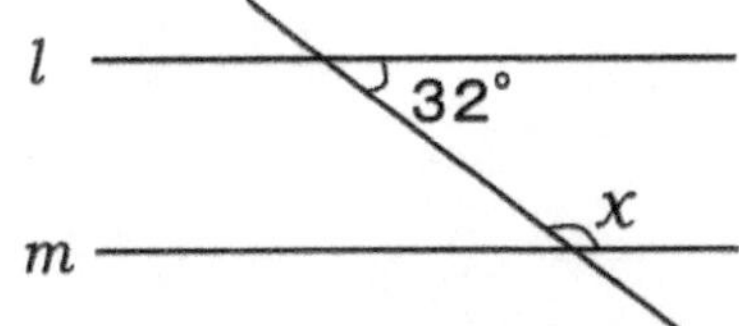

（8） 正六角形の内角の和を求めなさい。

（9） 次の数はある規則にしたがって並んでいる。あてはまるxを求めなさい。

　　$-5,\ -4,\ -1,\ 4,\ 11,\ x,\ 31,\ 44,\ \cdots$

（10） 次の資料はある野球チームの試合ごとのヒットの数である。平均値を求めなさい。

　　12，7，10，4，9，3，4(本)

（11） 大小2個のさいころを同時に投げるとき，次の確率を求めなさい。

　　（ア）2つとも同じ目が出る確率

　　（イ）出る目の数の和が6の倍数になる確率

3 次の図のように，点$(-8,\ -16)$を通る関数$y=ax^2$がある。このグラフと直線$y=\dfrac{1}{2}x-2$との交点をA，Bとし，Aのx座標が負，Bのx座標が正とする。このとき，次の問いに答えなさい。

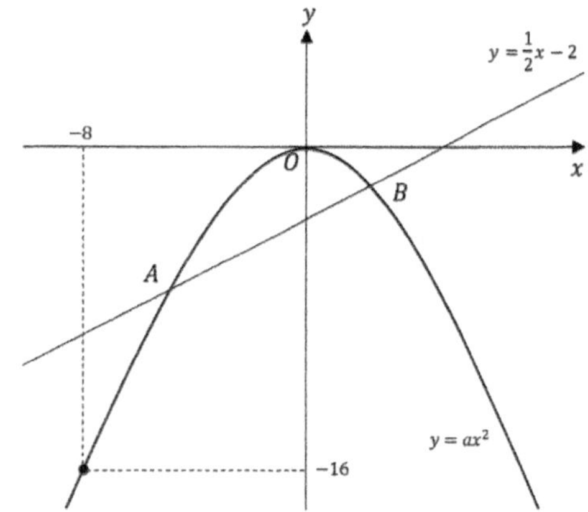

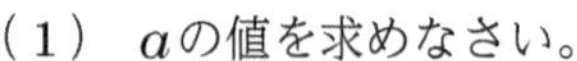

（1） aの値を求めなさい。

（2） 点Bの座標を求めなさい。

（3） xの変域が$-4 \leqq x \leqq 2$のとき，関数$y=ax^2$について，yの変域を求めなさい。

4 次の図のように，$\triangle ABC$は直角二等辺三角形である。$AB=CB=8$，辺AC，辺BCの中点をそれぞれD，Eとする。
また線分DC，線分ECの中点をそれぞれF，Gとする。
このとき，次の問いに答えなさい。ただし円周率をπとする。

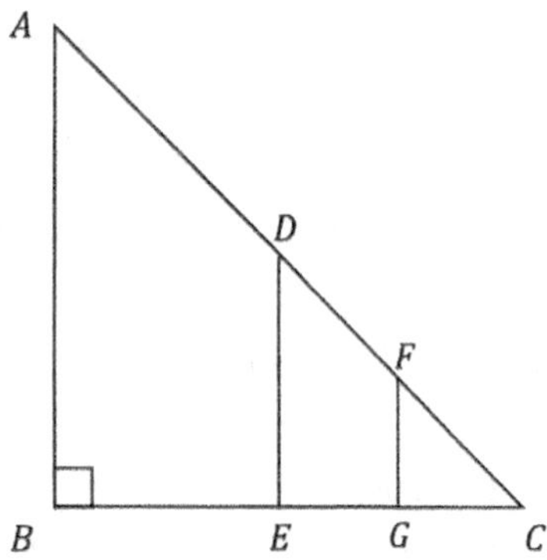

（1） 線分DFの長さを求めなさい。

（2） $\triangle FGC$の面積を求めなさい。

（3） $\triangle FGC$について線分FGを軸に一回転させた図形の体積を求めなさい。

（4） $\triangle ABC$について線分ABを軸に一回転させた図形の体積は，（3）にて求めた図形の体積の何倍か求めなさい。

【英　語】（50分）〈満点：100点〉

1.　日本の漫画家、手塚治虫の少年時代に関する英文を読み、各問に答えなさい。

When Osamu was a boy, World War II (1) started. Many houses were *destroyed by the bombs in front of him. (2) It was a *horrible sight. When the war ended, Osamu thought, "I'm glad to stay still alive. Life is very important." He learned (3) it from the war. During the war, he didn't stop drawing *cartoons. Some people said it was a bad thing to draw cartoons during the war. "Don't stop drawing, " his art teacher said (A) him. "Your cartoons are very interesting. Don't stop it. It will help you in the future."

After the war, he studied at college to become a doctor. His parents also wanted (B) to become a doctor. But Osamu had a dream. He wanted to be a *cartoonist and write many stories. He couldn't decide which way to go Osamu asked his mother, "I want to work as a doctor, and I want to write cartoons too. (C) should I do?" His mother said, "What do you really like, Osamu?" "If I become a doctor, I will be able to make a lot of (4) and I can be great. But I really like cartoons," he answered. (5) "Then, it's easy," said his mother. "It's not easy for me, Mother." His mother then said, "You should do the thing (D) you really like." When he heard this, Osamu finally decided to be a cartoonist.

*destroy ~を壊す　　*horrible sight 悲惨な光景　　*cartoon 漫画　　*cartoonist 漫画家

（1）下線部（1）とほぼ同じ意味を表す語を1つ選び、記号で答えなさい。

ア broke　　イ began　　ウ got　　エ found

（2）下線部（2）が指す内容として適切なものを1つ選び、記号で答えなさい。

ア 第二次世界大戦が始まったこと。
イ 治虫が子供だったこと。
ウ たくさんの家が壊されたこと。
エ 治虫が戦争を知らなかったこと。

（3）下線部（3）が指す内容として適切なものを1つ選び、記号で答えなさい。

ア 命の大切さ　　イ 第2次世界大戦の恐ろしさ
ウ 漫画の面白さ　　エ 医者になることの難しさ

（4）（A）～（D）に入る単語を次の中から1つずつ選び、記号で答えなさい。

A	ア at	イ in	ウ for	エ to
B	ア he	イ his	ウ him	エ himself
C	ア what	イ when	ウ where	エ how
D	ア who	イ whom	ウ whose	エ which

（5）空欄の（4）に入る適切な語を1つ選び、記号で答えなさい。

ア stories
イ cartoons
ウ war
エ money

（６） 下線部（５）の言葉を母が言った理由として、適切なものを１つ選び、記号で答えなさい。
ア 医者はたくさんお金を稼ぐことができるから。
イ 医者は偉大だから。
ウ 治虫は漫画が好きだと分かったから。
エ 治虫は漫画を書くのが上手だから。

（７） 本文の内容に合っていれば○、間違っていれば×で答えなさい。
① Osamu liked to draw manga when he was a boy.
② Osamu didn't stop drawing manga during the war.
③ Osamu studied at college to be a cartoonist.
④ Osamu decided to be a cartoonist because he can make much money.
⑤ Osamu couldn't decide his work easily.

2. 次の各単語の最も強く発音する部分を記号で答えなさい。

（１） al — ways
ア イ

（２） with — out
ア イ

（３） Jap — a — nese
ア イ ウ

（４） to — mor — row
ア イ ウ

（５） choc — o —late
ア イ ウ

（６） tra — di — tion — al
ア イ ウ エ

（７） com — mu — ni — ca — tion
ア イ ウ エ オ

（８） ex — am — ple
ア イ ウ

（９） u — ni — ver — si — ty
ア イ ウ エ オ

（10） u — nique
ア イ

3. 次の各文の（　　　）に適するものを記号で答えなさい。

（１） Mike（　　　）very busy last week.
ア is　イ are　ウ was　エ were

（２） There（　　　）some books on the desk.
ア is　イ are　ウ was　エ have

（３） Mike and Ken（　　　）play soccer every day.
ア don't　イ doesn't　ウ didn't　エ aren't

（４） I（　　　）to Australia last year.
ア go　イ gone　ウ going　エ went

（５） （　　　）he play soccer yesterday?
ア Do　イ Did　ウ Does　エ Was

（６） （　　　）are you from?
ア Where　イ What　ウ Which　エ Why

（７） （　　　）do you get to the museum?
ア Where　イ Which　ウ How　エ What

（８） It will（　　　）sunny tomorrow.
ア are　イ is　ウ was　エ be

（9） He is going to（　　　）a car.

ア buys　　イ buy　　ウ bought　　エ buying

4. 各組の語の中で下線部の発音が他と異なる語を1つ選び、記号で答えなさい。

（1） ア cut　　イ put　　ウ just　　エ bus

（2） ア right　　イ sit　　ウ difficult　　エ think

（3） ア center　　イ evening　　ウ letter　　エ every

（4） ア climb　　イ blue　　ウ bridge　　エ hamburger

（5） ア laugh　　イ high　　ウ through　　エ daughter

5. 次の各文を意味が通るように並べかえた時、（　　　）内で2番目と4番目に来る語(句)の組み合わせとして、もっとも適切なものをア～エの中から1つ選び、記号で答えなさい。

（1） I'm going（① you　② of　③ tell　④ the story　⑤ to）my life.

ア ＿③＿②＿　　イ ＿②＿⑤＿　　ウ ＿④＿①＿　　エ ＿③＿④＿

（2） I've（① my　② done　③ yet　④ not　⑤ homework）.

ア ＿③＿④＿　　イ ＿②＿⑤＿　　ウ ＿⑤＿③＿　　エ ＿④＿⑤＿

（3） The movie（① I　② was　③ the other　④ saw　⑤ day）interesting.

ア ＿①＿④＿　　イ ＿②＿③＿　　ウ ＿④＿⑤＿　　エ ＿⑤＿①＿

（4） Do（① what　② know　③ this flower　④ you　⑤ is）called in English?

ア ＿②＿③＿　　イ ＿③＿①＿　　ウ ＿③＿⑤＿　　エ ＿②＿①＿

（5） The news（① your　② happy　③ family　④ will　⑤ make）.

ア ＿⑤＿①＿　　イ ＿③＿④＿　　ウ ＿⑤＿③＿　　エ ＿①＿②＿

6. 次の説明文に最も適切な単語を選びなさい。

（1） a book with many photos

ア dictionary　　イ album　　ウ notebook　　エ studio

（2） a hard white object in your mouth

ア lip　　イ nose　　ウ kiss　　エ tooth

（3） a shining round object in the sky at night

ア moon　　イ cloud　　ウ dish　　エ light

（4） a small animal with long ears and soft fur

ア pig　　イ rabbit　　ウ tiger　　エ lion

（5） a very large gray animal with a long nose

ア frog　　イ tiger　　ウ elephant　　エ fox

（6） things to wear

ア fingers　　イ shoes　　ウ hats　　エ clothes

（7） The person works at school.

ア comedian　　イ teacher　　ウ doctor　　エ pilot

7\. BenとAkiが電話で話をしています。その会話から（１）仙台、（２）京都、（３）大阪、（４）奈良、（５）神戸の気候を図のA ～ Fの中から選び、記号で答えなさい。

Ben I'm calling from Sendai. I'm going to visit Kansai District. How's the weather in Kyoto?

Aki It's raining now, but it looks like it's going to clear up tomorrow. How about Sendai? How's the weather there?

Ben It's cloudy now. It looks like it's going to rain tomorrow. How about Osaka? How's the weather there?

Aki It's fine now, but it looks like it's going to rain tomorrow.

Ben How about Nara? How's the weather there?

Aki It's cloudy now, but it looks like it's going to clear up tomorrow.

Ben How about Kobe? How's the weather there?

Aki It's snowing now, but it looks like it's going to clear up tomorrow.

	Today	Tomorrow
A	☃	☀
B	☁	☂
C	☀	☂
D	☂	☀
E	☀	☁
F	☁	☀

イ　久しぶりに重要な手紙が送られてきたこと。
ウ　くたびれた人が元気を取り戻すこと。
エ　久しぶりのあいさつ程度の手紙が届いたこと。

第3問　次の①～⑤の（　）にあてはまる言葉として、最も適切なものを後の選択肢からそれぞれ選び、記号で答えなさい。

①　彼も（　）いやだとは言わないだろう。
②　この計画を完遂するには（　）決心が必要だ。
③　明日の遠足の準備も（　）片付いた。
④　（　）失敗したとしても、後悔はしない。
⑤　これには（　）まいった。

ア　いささか　　イ　よほどの　　ウ　おおかた
エ　たとえ　　オ　よもや

第4問　次の①～⑤の□に共通して当てはまる漢字一字をそれぞれ答えなさい。

①　□灯　市□　□中　□角
②　□入　□筒　□鎖　□建
③　□刀　□行　□念　固□
④　□道　□軟　優□　□和
⑤　□虫　呼□　予□　□蘭

第5問　次の文の傍線部①～⑤の品詞として、最も適切なものを後の選択肢からそれぞれ選び、記号で答えなさい。

①わたしは高校生のころ、クラスメイトといっしょに海へ行きました。②元気に海水浴をしたり、スイカ割りをしたりと、とても楽しい思い出が残っています。また、夜みんなでみた③大きな花火も④きれいでした。大人になった今でも、⑤あぁ、美しかったなぁと思いだします。

ア　動詞　　イ　形容詞　　ウ　形容動詞　　エ　名詞
オ　副詞　　カ　連体詞　　キ　接続詞　　ク　感動詞
ケ　助詞　　コ　助動詞

る、⑨いとうれし。

注一　障りて〔さしさわりができて。〕　注二　いとはしげに〔いやそうに。いとわしい気持で。〕
注三　心づきなき〔気に入らない、気に食わない。〕
注四　阮籍が青き眼〔中国の晋の国の人。人を喜び迎えるときは青い眼をし、気に入らないときは白い眼をしたという。〕

（『徒然草』第百七十段）

問一　波線部a「詞」b「思はん」c「言ひ」の読みを、現代かなづかいに改め、ひらがなで答えなさい。

問二　傍線部①「よからぬ事なり」とあるが、この理由を説明している部分を本文中から探し、最初の五字を抜き出して答えなさい。

問三　傍線部②「とく帰るべし」の現代語訳として最も適切なものを次の中から選び、記号で答えなさい。

ア　ただちにでも帰るべきである
イ　走って帰るべきである
ウ　病んでしまう前に帰るべきである
エ　すぐにでも帰らせるべきである

問四　傍線部③「いと」の品詞名として最も適切なものを次の中から選び、記号で答えなさい。

ア　形容詞　　イ　副詞　　ウ　動詞　　エ　連体詞

問五　傍線部④「万の事」とはどのような意味か。最も適切なものを次の中から選び、記号で答えなさい。

ア　様々なこと　　イ　いつものこと　　ウ　常ならぬこと
エ　残念なこと

問六　傍線部⑤「そのよしをも言ひてん」について、このような対応が必要になるのは、どのような場合か。本文中から十字で抜き出して答えなさい。

問七　傍線部⑥「この限りにはあらざるべし」について、次の各問いに答えなさい。

(1)　どんな人がこの限りではないのか。本文中から十五字で探し、最初と最後の三字を抜き出して答えなさい。

(2)　どんなことがこの限りではないのか。最も適切なものを次の中から選び、記号で答えなさい。

ア　静かにするならよいということ。
イ　長く滞在してもよいということ。
ウ　わかりやすく話すということ。
エ　気が利いているということ。

問八　傍線部⑦「そのこと」とあるが、これは何を指すか。本文中から一字で抜き出して答えなさい。

問九　傍線部⑧「のどかに物語して帰りぬる」とあるが、このことに対する筆者の意見として最も適切なものを次の中から選び、記号で答えなさい。

ア　とてもよくない　　イ　とてもよいことである
ウ　とてもつらいことである　　エ　とてもさびしいことである

問十　傍線部⑨「いとうれし」とは何が「うれし」なのか。最も適切なものを次の中から選び、記号で答えなさい。

ア　友人が遠方より訪ねてきてくれたこと。

なったから。

問六　傍線部③「感想文を書くのは労力が要ります」とあるが、それはなぜか。空欄A～Cに入る最も適切な語を、指定の字数で本文中からそれぞれ抜き出して答えなさい。

［A（四字）］と［B（六字）］は直結しており、［C（一二字）］ならないから。

問七　点線部ⅰ「受動的」の対義語は何か、漢字で答えなさい。

問八　傍線部④「子どもが読書嫌いになる」とあるが、そのように主張する人がいる理由はなぜか。最も適切なものを次の中から選び、記号で答えなさい。

ア　無理に読書感想文を書かせることによって、思考する前に読書も嫌になってしまうから。

イ　読書よりも書くことのほうが思考力を使い、読書を嫌になってしまうから。

ウ　大人も思考力を使う読書感想文が嫌いだから、子どもたちもそうなるだろうと推測できるから。

エ　読書で精一杯なのに、思考力を使う読書感想文は疲れてしまうから。

問九　傍線部⑤「疑問」とあるが、その疑問の内容を具体的に述べている一文を探し、最初の五字を抜き出して答えなさい。

問十　傍線部⑥「大人も同じです」とあるが、何が同じなのか。「～こと」に続くように本文中から九字で抜き出して答えなさい。

問十一　傍線部⑦「映画の鑑賞の仕方」とあるが、それがどのように変化すると筆者は述べているか。本文中から八字で抜き出して答えなさい。

問十二　この文章の要旨として最も適切なものを次の中から選び、記号で答えなさい。

ア　映画を鑑賞することによって文章を書く力がつくということ。

イ　文章を読むときには書き手の思考を受動的に追っていくことが大切である。

ウ　読書感想文は子どもの本嫌いを増長しかねないので即刻やめるべきである。

エ　思考を深めるためには自分で書くという行いをすることが良い。

第2問　次の文章を読んで、後の設問に答えなさい。

さしたる事なくて人のがり行くは、①よからぬ事なり。用ありて行きたりとも、その事果(は)てなば、②とく帰るべし。久しく居たる、③いとむつかし。

人とむかひたれば、詞(a)多く、身も草臥(くたび)れ、心も閑(しづか)ならず、④万(よろづ)の事[注一]障(さは)りて時を移(うつ)す、互ひのため益(やく)なし。[注二]いとはしげに言はんもわろし。[注三]心づきなき事あらん折は、なかなか⑤そのよしをも言ひてん。同じ心にむかはまほしく思はん(b)人の、つれづれにて、「いましばし、今日(けふ)は心閑(しづか)に」など言はんは、⑥この限りにはあらざるべし。[注四]阮籍(げんせき)が青き眼(まなこ)、誰もあるべきことなり。

⑦そのこととなきに人の来(きた)りて、⑧のどかに物語(ものがたり)して帰りぬる、いとよし。又、文(ふみ)も、「久しく聞えさせねば」などばかり言ひ(c)おこせた

楽しめていない状態ではありません。むしろ深く鑑賞して、考えるようになっている証拠といえます。

私も、映画について[d]宣伝コメントを求められ、試写会に参加する機会があるのですが、やはりこういったときは、いつも以上に真剣に映画を見て考えているのを実感します。映画を見て考える行為が習慣化されると、感想文を書くのも苦にならなくなります。それでも文章を書くのが[e]億劫という人には、とっておきのテクニックがあります。

[Ⅲ]映画を鑑賞しながら、「ここは印象的」と思えるシーンを[C]ピックアップしておきます。鑑賞後には全編を通じてベストなシーンを3カ所に絞り込みます。このとき、おおよそ序盤で一つ、中盤で一つ、終盤で一つのバランスになるのが理想です。

それぞれのシーンを書き起こしつつ、ちょっとしたコメントを加えれば、それで感想文の完成です。

〈『思考中毒になる!』齋藤孝　GS幻冬舎新書　595〉

問一　波線部a～eのカタカナは漢字に、漢字はひらがなに改めて答えなさい。

問二　二重傍線部A「リアクション」B「モチベーション」C「ピックアップ」を熟語で示した場合に、最も適切なものを下の選択肢からそれぞれ選び、記号で答えなさい。

【Aリアクション】

ア　感謝　　イ　反射　　ウ　反応　　エ　行動

【Bモチベーション】

ア　動機　　イ　活気　　ウ　不安　　エ　景気

【Cピックアップ】

ア　収拾　　イ　選抜　　ウ　募集　　エ　獲得

問三　空欄Ⅰ、Ⅱ、Ⅲにあてはまる言葉として、最も適切なものを次の中から選び、それぞれ記号で答えなさい。

ア　なぜなら　　イ　まずは　　ウ　しかし　　エ　例えば

オ　もし　　カ　けっして

問四　傍線部①「学校の先生による影響」とあるが、学校の先生の行為として**不適切なもの**を次の中から一つ選び、記号で答えなさい。

ア　毎回、絵日記に感想を書いて返してくれたこと。

イ　絵日記を書くという課題を出したこと。

ウ　覚えた言葉をとにかく書き付けたこと。

エ　一年間リアクションを続けてくれたこと。

問五　傍線部②「今でも当時の先生には心から感謝しています」とあるが、筆者が「当時の先生」に「感謝」している内容として、最も適切なものを次の中から選び、記号で答えなさい。

ア　毎日自分の書く絵日記にリアクションをしてくれて、それが励みとなったから。

イ　毎日絵日記を書くことによって、文章を書く習慣が得られたから。

ウ　毎日絵日記を書き続けることによって、継続力が身に付いたから。

エ　毎日絵日記を書き続けた結果、読むことに対する不安がなく

【国　語】〈五〇分〉〈満点：一〇〇点〉

第1問　次の文章を読んで、後の設問に答えなさい。

文字を読むだけのときよりも、自分で書く行為を続けるほうが、確実に思考は深まる[a]コウカがあります。

私が文章を書く習慣を身につけられたのは、①学校の先生による影響が大きかったと考えています。小学校1年生のとき、毎日絵日記を書くという学校の課題がありました。

絵日記を書いて先生に提出すると、毎回先生が感想を書いて返してくれます。「良かったですね」「上手に書けました」などと[A]リアクションしてくれるのが励みになりました。

最初はひらがなを覚えたてでしたから、覚えた言葉をとにかく書きつけるという感じです。1年間続けたところ、日記帳は何冊も積み重なりました。もうそのころには、書くということに対して、まったく不安がなくなっていました。②今でも当時の先生には心から感謝しています。

絵日記で文章づくりに慣れたので、読書感想文を書くのも苦になりませんでした。学校の図書室で本を借り、読んだ本について片っ端から読書感想文を書きました。教室に感想文用の用紙があって、絵を[b]カくスペースと300字くらいの原稿のマスがあったように記憶しています。

ただ本を読むのと比較して、③感想文を書くのは労力が要ります。書き手の思考に従って[i]受動的に文章を追っていくだけでも読書はできますが、感想文を書くときには自分の頭で思考しなければなりません。書くことと思考することは直結しているのです。

「読む」と「書く」をそれぞれ行うと、後者のほうが圧倒的に疲れるのがその証拠です。

「読書感想文を書かせると、④子どもが読書嫌いになるので、やめさせたほうがいい。面白かったで十分」

しばしば、そういった主張を見かけます。ちょっと⑤疑問です。教育ですから、感想文を書けるくらいの思考力を養わないでどうするのだろう、と感じます。

これは子どもだけの話ではなく、⑥大人も同じです。本を読んだときに「面白かった」で済ませるのではなく、SNSにレビューを書いたり、家族や友人の前で感想を語ったりすることができるくらいに思考力を高めておくのが理想です。

［Ⅰ］、週に2本の映画を見て、感想をSNSにアップするなどの取り組みもアリです。1本につき1000字くらいの文章を月10本くらい書くとなると、それなりに頭を使います。今の時代の良さは、自分が発信した情報を誰かが読んでくれるという張り合いを感じられるところです。好意的な[c]ヒョウカが得られれば、ますます[B]モチベーションも高まります。

映画好きな人であれば、最初の10本くらいはなんとか続けられると思います。10本終わったときには小さな達成感が得られ、その達成感が次の10本への推進力になっていきます。

すると⑦映画の鑑賞の仕方そのものに変化が生じてきます。映画を見ている最中にも「あ、あれを書かなければ」「これも書いておきたい」などと思考が働くようになるのです。これは、［Ⅱ］映画を

大切なことはメモしておこうネ！

T.G

2023年度

解　答　と　解　説

《2023年度の配点は解答欄に掲載してあります。》

＜数学解答＞

1 (1) -22　(2) -5　(3) -6　(4) $4x^2-2x$　(5) $2\sqrt{5}$　(6) 4
(7) $\frac{11x-6y}{6}$　(8) $6b^2$　(9) $x^2-8x+10$　(10) $2x(x-2)$　(11) $x=\frac{11}{3}$
(12) $x=4,\ x=5$

2 (1) 8　(2) $2^3\times5^2$　(3) $y=\frac{10}{x}$　(4) $y=-3x+3$　(5) 18　(6) 7
(7) $\angle x=148°$　(8) 720°　(9) $x=20$　(10) 7　(11) (ア) $\frac{1}{6}$　(イ) $\frac{1}{6}$

3 (1) $a=-\frac{1}{4}$　(2) $(2,\ -1)$　(3) $-4\leqq y\leqq0$

4 (1) $2\sqrt{2}$　(2) 2　(3) $\frac{8}{3}\pi$　(4) 64倍

○配点○
1, 2　各3点×24　3, 4　各4点×7　計100点

＜数学解説＞

基本 1 （数・式の計算，平方根の計算，式の展開，因数分解，一次方程式，二次方程式）

(1) $-7-3\times5=-7-15=-22$

(2) $-3^2+(-2)^2=-9+4=-5$

(3) $15\div\left(-\frac{5}{2}\right)=15\times\left(-\frac{2}{5}\right)=-6$

(4) $(16x^3-8x^2)\div4x=\frac{16x^3}{4x}-\frac{8x^2}{4x}=4x^2-2x$

(5) $5\sqrt{5}-\sqrt{45}=5\sqrt{5}-3\sqrt{5}=2\sqrt{5}$

(6) $(\sqrt{3}-1)^2+\frac{6}{\sqrt{3}}=3-2\sqrt{3}+1+\frac{6\sqrt{3}}{3}=4-2\sqrt{3}+2\sqrt{3}=4$

(7) $\frac{3x-y}{2}+\frac{2x-3y}{6}=\frac{3(3x-y)+2x-3y}{6}=\frac{9x-3y+2x-3y}{6}=\frac{11x-6y}{6}$

(8) $30a^2b^3\div5a^2b=6b^2$

(9) $(x-5)(x-1)-(2x-5)=x^2-6x+5-2x+5=x^2-8x+10$

(10) $2x^2-4x=2x(x-2)$

(11) $\frac{3x-5}{2}=3$　$3x-5=6$　$3x=6+5=11$　$x=\frac{11}{3}$

(12) $x^2-9x+20=0$　$(x-4)(x-5)=0$　$x=4,\ x=5$

2 （式の値，素因数分解，関数，2次方程式の利用，角度，規則性，統計，確率）

(1) $(x+y)^2-2xy=x^2+2xy+y^2-2xy=x^2+y^2=(\sqrt{5})^2+(\sqrt{3})^2=5+3=8$

基本 (2) $200=2^3\times5^2$

基本 (3) $y=\frac{a}{x}$に$x=2$，$y=5$を代入すると，$5=\frac{a}{2}$　$a=5\times2=10$　よって，$y=\frac{10}{x}$

(4) この直線の傾きは，$\frac{6-(-3)}{-1-2}=\frac{9}{-3}=-3$　この直線の式を$y=-3x+b$として，$(2,\ -3)$を代入すると，$-3=-3\times2+b$　$b=-3+6=3$　よって，$y=-3x+3$

基本 (5) $(\text{変化の割合})=\frac{(y\text{の増加量})}{(x\text{の増加量})}$から，$\frac{3\times4^2-3\times2^2}{4-2}=\frac{36}{2}=18$

重要 (6) この3つの自然数の中央の数字をxとすると，3つの自然数は，$x-1$，x，$x+1$と表せる。条件から，$(x-1)^2+x^2+(x+1)^2=149$　$x^2-2x+1+x^2+x^2+2x+1=149$　$3x^2=147$　$x^2=49$　xは自然数だから，$x=7$

基本 (7) 平行線の同側内角の和は180°だから，$\angle x+32°=180°$　$\angle x=180°-32°=148°$

基本 (8) n角形の内角の和は，$180°\times(n-2)$で表されるから，$180°\times(6-2)=720°$

(9) 1，3，5，7，…ずつ増えているから，$x=11+9=20$

基本 (10) $(12+7+10+4+9+3+4)\div7=49\div7=7$

(11) 大小2個のさいころの目の出かたは全部で，$6\times6=36$(通り)

(ア) 2つとも同じ目が出る場合は6通り　よって，求める確率は$\frac{6}{36}=\frac{1}{6}$

(イ) 出る目の数の和が6の倍数になる場合は，(大，小)=(1，5)，(2，4)，(3，3)，(4，2)，(5，1)，(6，6)の6通り　よって，求める確率は$\frac{6}{36}=\frac{1}{6}$

3 **(二乗に比例する関数と直線―交点の座標，変域)**

基本 (1) $y=ax^2$に$(-8,\ -16)$を代入すると，$-16=a\times(-8)^2$，$64a=-16$，$a=-\frac{16}{64}=-\frac{1}{4}$

(2) $y=-\frac{1}{4}x^2$…①　$y=\frac{1}{2}x-2$…②　①と②からyを消去すると，$-\frac{1}{4}x^2=\frac{1}{2}x-2$　両辺を4倍すると，$-x^2=2x-8$　$x^2+2x-8=0$　$(x+4)(x-2)=0$　$x=-4,\ 2$　点Bのx座標は正だから，①に$x=2$を代入すると，$y=-\frac{1}{4}\times2^2=-1$　よって，B$(2,\ -1)$

重要 (3) -4と2で-4の方が絶対値が大きいので，①は$x=-4$のとき最小値をとり，$x=0$のとき最大値0をとる。①に$x=-4$を代入すると，$y=-\frac{1}{4}\times(-4)^2=-4$　よって，$-4\leqq y\leqq0$

4 **(空間図形の計量問題―面積，回転体の体積，相似)**

基本 (1) △ABCは直角二等辺三角形だから，$\text{AC}=8\sqrt{2}$　$\text{DC}=\frac{\text{AC}}{2}=\frac{8\sqrt{2}}{2}=4\sqrt{2}$　$\text{DF}=\frac{\text{DC}}{2}=\frac{4\sqrt{2}}{2}=2\sqrt{2}$

(2) $\text{EC}=\frac{\text{BC}}{2}=\frac{8}{2}=4$　$\text{GC}=\frac{\text{EC}}{2}=\frac{4}{2}=2$　∠Cは共通，GC：BC=FC：ACより，△FGC∽△ABC　△FGCも直角二等辺三角形になるから，$\triangle\text{FGC}=\frac{1}{2}\times2\times2=2$

(3) △FGCを線分FGを軸に一回転させた図形は，底面の円の半径が2で高さが2の円すいになるから，体積は，$\frac{1}{3}\times\pi\times2^2\times2=\frac{8}{3}\pi$

重要 (4) (3)の図形をS，△ABCを線分ABを軸に一回転させた図形をTとすると，S∽Tで，相似比は，GC：BC=2：8=1：4　よって，体積比は，S：T=1^3：4^3=1：64　したがって，64倍

★ワンポイントアドバイス★

2 (5)で，$y=ax^2$のxの値がsからtまで増加するときの変化の割合は，$a\times(s+t)$で求めることができることを利用すると，$3\times(2+4)=18$

＜英語解答＞

1. (1) イ (2) ウ (3) ア (4) A エ B ウ C ア D エ
   (5) エ (6) ウ (7) ア ○ イ ○ ウ × エ × オ ○
2. (1) ア (2) イ (3) ウ (4) イ (5) ア (6) イ (7) エ
   (8) イ (9) ウ (10) イ
3. (1) ウ (2) イ (3) ア (4) エ (5) イ (6) ア (7) ウ
   (8) エ (9) イ
4. (1) イ (2) ア (3) イ (4) ア (5) ア
5. (1) エ (2) イ (3) ウ (4) ア (5) ウ
6. (1) イ (2) エ (3) ア (4) イ (5) ウ (6) エ (7) イ
7. (1) B (2) D (3) C (4) F (5) A

○配点○

2. 各1点×10 他 各2点×45 計100点

＜英語解説＞

重要 1. （長文読解問題・物語文：指示語，語句補充，内容吟味）

（大意） 治が少年だったとき，第二次世界大戦が始まった。多くの家が壊された。それは悲惨な光景だった。戦争が終わったとき，治は「生き残って嬉しい。命はとても大切だ」と思った。彼は，それを戦争から学んだ。戦争中，彼は漫画を描くことをやめなかった。戦争中漫画を描くことは悪いことだと言う人もいた。「描くことをやめるな」と美術の先生が彼に言った。「君の漫画はとてもおもしろい。やめるな。それは将来君を助けるよ」

戦争後，彼は医者になるために大学で学んだ。両親もまた，医者になってもらいたいと思っていた。しかし，治には夢があった。漫画家になって，多くの物語を書きたいと思っていた。どちらの道に進んだらよいか決められず，母に尋ねた。「医者として働きたいですが，漫画も書きたい。どちらへ進むべきですか」母は「あなたは本当は何が好きなの，治」「もし医者になったら，たくさんのお金も稼げるし，素晴らしいでしょう。でも本当に漫画が好きです」と彼は答えた。「それなら簡単よ」と母は言った。「僕にとっては簡単ではないよ，おかあさん」そのとき母は「あなたは本当に好きなことをするべきだよ」と言った。治はこれを聞いたとき，漫画家になる決心をした。

(1) start = begin「始まる」
(2) 前の文の「爆弾で多くの家が壊されたこと」を指している。
(3) 前の文の「命はとても大切だ」を指している。
(4) A 〈say to ＋人〉「人に言う」 B 〈want ＋目的格＋ to ～〉「人に～してほしい」 C 医者にもなりたいし，漫画も書きたいと思っていたので，何をすべきかわからなかった。 D 目的格の関係代名詞 which を用いる。
(5) 医者になったら，多くの「お金」を稼げるのである。

(6) 治の「本当に漫画が好きだ」という発言を受けて母が言った言葉である。

(7) ① 「治は少年のとき，漫画を描くことが好きだった」第2段落第3，4文参照。治は漫画家になる夢があったので適切。 ② 「治は戦争中漫画を描くことをやめなかった」第1段落第6文参照。戦争中も漫画を描くことをやめなかったので適切。 ③ 「治は漫画家になるために大学で学んだ」第2段落第2文参照。医者になるために大学で学んだので不適切。 ④ 「治は多くのお金を稼げるので，漫画家になることにした」第2段落第7文参照。多くのお金を稼げるのは医者になった場合なので不適切。 ⑤ 「治は簡単に仕事を決められなかった」第2段落第5文参照。医者か漫画家か決められずにいたので適切。

基本 2. (アクセント)

(1) 第1音節にアクセントがある。
(2) 第2音節にアクセントがある。
(3) 第3音節にアクセントがある。
(4) 第2音節にアクセントがある。
(5) 第1音節にアクセントがある。
(6) 第2音節にアクセントがある。
(7) 第4音節にアクセントがある。
(8) 第2音節にアクセントがある。
(9) 第3音節にアクセントがある。
(10) 第2音節にアクセントがある。

3. (語句補充問題：過去形，疑問文，助動詞)

(1) last week とあるので過去形の was が適切である。
(2) some books と複数形の名詞を用いているので are が適切である。
(3) 主語が複数で，every day を用いているので don't が適切である。
(4) last year を用いているので，過去形の went が適切である。
(5) 一般動詞を用いた過去の疑問文なので，Did が適切である。
(6) Where are you from? で出身地を尋ねる疑問文になる。
(7) How do you get to ~?「~にどうやって行きますか」
(8) 未来の文なので，〈will ＋動詞の原形〉にする。
(9) 〈be going to ＋動詞の原形〉で未来を表す文になる。

4. (発音問題)

(1) イは[u]，それ以外は[ʌ]と発音する。
(2) アは[ai]，それ以外は[i]と発音する。
(3) イは[iː]，それ以外は[e]と発音する。
(4) アは発音をせず，それ以外は[b]と発音する。
(5) アは[f]，それ以外は発音しない。

重要 5. (語句整序問題：助動詞，現在完了，関係代名詞，間接疑問文)

(1) (I'm going) to tell you the story of (my life.) 〈be going to ＋動詞の原形〉で未来を表す文になる。the story of ~「~の話」

(2) (I've) not done my homework yet(.) 〈have not ＋過去分詞＋ yet〉「まだ~していない」

(3) (The movie) I saw the other day was (interesting.) I saw the other day は前の名詞を修飾する目的格の関係代名詞が省略された形である。

(4) (Do) you know what this flower is (called in English?) 間接疑問文は〈what ＋主語＋

動詞〉の語順になる。

(5) (The news) will make your family happy(.) 〈make +A+B〉「AをBにする」

基本 6. (単語)

(1) 「多くの写真がある本」=「アルバム」 album

(2) 「口の中にある固く白い物体」=「歯」 tooth

(3) 「夜に空にある輝く丸い物体」=「月」 moon

(4) 「長い耳と柔らかい毛がある小さい動物」=「ウサギ」 rabbit

(5) 「長い鼻があるとても大きな灰色の動物」=「象」 elephant

(6) 「着るもの」=「服」 clothes

(7) 「その人は学校で働いている」=「教師」 teacher

重要 7. (会話文)

(大意)

Ben：仙台から電話しているよ。関西地方に行くつもりなんだ。京都の天気はどう？
Aki：雨が降っているよ。でも，明日は晴れる予定だよ。仙台はどう？天気はどうですか。
Ben：曇っているんだ。明日は雨が降りそうだよ。大阪はどう？天気はどうですか。
Aki：晴れているよ。でも明日は雨が降りそうだね。
Ben：奈良はどうですか。天気はどうですか。
Aki：曇っているよ。でも，明日は晴れそうだよ。
Ben：神戸はどうですか。天気はどうですか。
Aki：雪が降っているんだ。でも明日は晴れそうだね。

仙台は今曇っていて，明日は雨が降りそうである。
京都は今雨が降っていて，明日は晴れそうである。
大阪は今晴れていて，明日は雨が降りそうである。
奈良は今曇っていて，明日は晴れそうである。
神戸は今雪が降っていて，明日は雨が晴れそうである。

★ワンポイントアドバイス★

基本的な問題が多く問われている。文法問題に関する設問も多いため，教科書に載っている単語や英文は暗唱できるまで繰り返して身につけたい。

＜国語解答＞

第1問 問一 a 効果 b 描 c 評価 d せんでん e おっくう 問二 A ウ B ア C イ 問三 Ⅰ エ Ⅱ カ Ⅲ イ 問四 ウ 問五 イ 問六 A 書くこと B 思考すること C 自分の頭で思考しなければ 問七 能動的 問八 イ 問九 教育ですか 問十 思考力を高めておく(こと。) 問十一 映画を見て考える 問十二 エ

第2問 問一 a ことば b おもわん c いい 問二 人とむかひ 問三 ア 問四 イ 問五 ア 問六 心づきなき事あらん折 問七 (1) (最初) 同じ

心（最後）はん人　(2) イ　問八 用　問九 イ　問十 エ

第3問 ① オ　② イ　③ ウ　④ エ　⑤ ア

第4問 ① 街　② 封　③ 執　④ 柔　⑤ 鈴

第5問 ① エ　② ウ　③ カ　④ ウ　⑤ ク

○配点○

各2点×5　　計100点

＜国語解説＞

第1問（論説文―漢字，語句の意味，脱語補充，接続語，文脈把握，内容吟味，要旨，対義語）

問一　a 「効」を使った熟語はほかに「効能」「効率」など。訓読みは「き(く)」。　b 「描」の音読みは「ビョウ」。熟語は「描写」「素描」など。　c 「評」を使った熟語はほかに「評判」「評論」など。　d 「宣」を使った熟語はほかに「宣言」「宣告」など。　e 「億劫」は，気が進まず，面倒だ，という意味。字形の似た「臆」「憶」と区別する。

問二　A 「リアクション」は，反応，反動，という意味。　B 「モチベ―ション」は，動機づけ，意欲，という意味。　C 「ピックアップ」は，拾い上げる，取り上げる，選ぶ，という意味。

問三　Ⅰ　直前に「家族や友人の前で感想を語ったりすることができるくらいに思考力を高めておく」とあり，直後に「週に2本の映画を見て……」と具体例が示されているので，例示を表す「例えば」が入る。　Ⅱ　文末の「ありません」に呼応する語として，下に打消しの語を伴って，絶対に，という意味になる「けっして」が入る。　Ⅲ　直前に「とっておきのテクニックがあります」とあり，直後で，その説明が始まっているので，第一に，という意味の「まずは」が入る。

問四　直後に「小学校1年生のとき，毎日絵日記を書くという学校の課題がありました」「絵日記を書いて先生に提出すると，毎回先生が感想を書いて返してくれます」「……などとリアクションしてくれるのが励みになりました」とあるので，ウはあてはまらない。

問五　直前に「1年間続けたところ，日記帳は何冊も積み重なりました。もうそのころには，書くということに対して，まったく不安がなくなっていました」とあり，直後には「絵日記で文章づくりに慣れたので，読書感想文を書くのも苦になりません」と説明されているので，「文章を書く習慣を得られた」とするイが適切。

問六　直後に「感想文を書くときには自分の頭で思考しなければなりません。書くことと思考することは直結しているのです」とあるので，Aは「書くこと(4字)」，Bは「思考すること(6字)」，Cは「自分の頭で思考しなければ(12字)」とするのが適切。

問七　「受動的」は，他からの働きかけを受けている様子。対義語は，自分から他に働きかけること，という意味の「能動的」。

やや難　問八　直前に「読書感想文を書かせると」とあり，その前には「『読む』と『書く』をそれぞれ行うと，後者のほうが圧倒的に疲れる」とある。後に「面白かったで十分」とあることから，読書感想文を書くのは疲れるので子供が読書嫌いになる，という文脈になる。読んだ上で，さらに読書感想文を書くのは大変だから「読書嫌いになる」というのが，主張の根拠なのでイが適切。

問九　直後の「教育ですから，感想文を書けるくらいの思考力を養わないでどうするどうするのだろう，と感じます。」が，筆者の「疑問」の内容にあたる。

問十　前の「これ」は，その直前の「感想文を書けるくらいの思考力を養わないでどうするのだろう」を指す。直後に「本を読んだときに『面白かった』で済ませるのではなく，SNSにレビューを書いたり，……することができるくらいに思考力を高めておくのが理想です」とあるので，直後の一文の中から「思考力を高めておく(9字)」を抜き出す。

やや難 問十一 「映画の鑑賞の仕方」の「変化」については，直後に「映画を見ている最中に『あ，あれを書かなければ』『これも書いておきたい』などと思考力が働くようになるのです」「深く鑑賞して，考えるようになっている証拠といえます」とあり，続いて「映画を見て考える行為が習慣化されると，感想文を書くのも苦にならなくなります」と述べられているので，ここから「映画を見て考える(8字)」を抜き出す。

問十二 エは，本文冒頭に「文字を読むだけのときよりも，自分で書く行為を続けるほうが，確実に思考は深まるコウカがあります」と述べられていることと合致する。アは，「映画を見て考える行為が習慣化されると，感想文を書くのも苦にならなくなります」とあることと合致しない。イは，「受動的に文章を追っていくだけでも読書はできますが……」とあることと合致しない。ウは，「教育ですから，感想文を書けるくらいの思考力を養わないでどうするのだろう」とあることと合致しない。

第2問 (古文―仮名遣い，文脈把握，内容吟味，現代語訳，品詞，語句の意味，指示語，大意)

〈口語訳〉 これという用事もなくて人のもとへ行くのは，よくないことである。たとえ用事があって行ったとしても，その用事がすんだならば，ただちに帰るべきである。長居をしているのは，まことに迷惑である。

人と対座していると，しゃべることばも多くなり，身体もくたびれ，心も落ち着かず，様々なことにさしさわりができて，時間を浪費する。(それは)お互いのために何の利益もない。(だからといって)いやそうに言うようなのもよくない。気に入らないことがあるような場合は，かえってそのことを言うのがよい。(しかし)気持ちがよく合って対座していたいと思うような人が，退屈してやりきれず，「もう少しいてください，今日はゆっくり落ち着いて(話しましょう)」などというような場合は，この限りではなかろう。阮籍が，人を喜び迎えるときは青い眼をし，気に入らないときは白い眼をしたというのは，誰にでもありそうなことである。

これといった用事もないのに人が訪ねて来て，のんびりと話をして帰って行くのは，たいへんよいことだ。また，手紙も，「久しくお便りもあげませんでしたので」などとだけ言ってよこしたのは，ほんとうにうれしいことである。

問一 a 「詞」は「ことば」と読む。 b 語頭以外の「わいうえお」は，現代仮名遣いでは「わいうえお」となるので，「は」は「わ」に直して「思わん」とし，ひらがなにして「おもわん」とする。 c 「ひ」は「い」に直して「言い」とし，ひらがなにして「いい」とする。

問二 これといった用事もないのに人のもとへ行くのはよくない，とする理由は，「人と……」で始まる段落に「人とむかひたれば，詞多く，身も草臥れ，心も閑ならず，万の事障りて時を移す，互ひのため益なし。」と説明されているので，「人とむかひ(5字)」を抜き出す。

問三 「とく(疾く)」は，すぐに，「帰るべし」は，帰るべきである，という意味なので，「ただちに帰るべきである」とするアが適切。

問四 「いと」は，直後の動詞「むつかし」を修飾する活用のない自立語なので「副詞」。ひじょうに，たいそう，ほんとうに，など，程度の大きいことを意味する。

問五 「万の事」は「万事(＝あらゆること)」という意味なので，アの「様々なこと」が適切。

問六 「その」が指すのは，直前の「心づきなき事あらん折(気に入らないことがあるような場合)」を指すので，「心づきなき事あらん折(10字)」を抜き出す。

問七 (1) 直前の「同じ心にむかはまほしく思はん人(15字)」を指す。 (2) 「この限り」とは，冒頭の「さしたる事なくて人のがり行くは，よからぬ事なり。用ありて行きたりとも，その事果てなば，とく帰るべし。久しく居たる，いとむつかし。」という筆者の考えを指す。たいした用事もないのに人のもとへ行くのはよくない，用があったとしても，用事がすんだらすぐに帰るべきである，長居は迷惑である，という考えを「その限りではない」と打ち消しているので，イの「長く滞在してもよい」が適切。

やや難 問八 「そのこと」については，冒頭に「用ありて行きたりとも，その事果てなば……」とあり，「その」は，直前の「用」を指す。

問九 直後に「いとよし」と筆者の考えが示されているので，イが適切。

問十 直前の「文も，『久しく聞こえせねば』などばかり言ひおこせたる」を指すので，エが適切。「文」とは「手紙」のこと。「久しくお便りしていませんでしたので」とだけ言って寄越すような，さりげない手紙はうれしい，というのである。

第3問 （副詞の用法）

① 文末の「言わないだろう」に呼応するものとしては，打消しの推量と呼応して，まさか，という意味になる「よもや」が適切。 ② 直後の「決心」を修飾する語としては，相当な，かなりの，という意味の「よほどの」が適切。 ③ 直後の「片付いた」を修飾する語としては，大部分，おおよそ，という意味の「おおかた」が適切。 ④ 後の「～ても」に呼応する語としては，もしそうであっても，という意味の「たとえ」が適切。 ⑤ 直後の「参った」を修飾する語としては，少し，という意味の「いささか」が適切。

第4問 （熟語作成）

① 「街頭（がいとう）」「市街（しがい）」「街中（まちなか）」「街角（まちかど）」。

② 「封入（ふうにゅう）」「封筒（ふうとう）」「封鎖（ふうさ）」「封建（ほうけん）」。

③ 「執刀（しっとう）」「執行（しっこう）」「執念（しゅうねん）」「固執（こしゅう）」。

④ 「柔道（じゅうどう）」「柔軟（じゅうなん）」「優柔（ゆうじゅう）」「柔和（にゅうわ）」。

⑤ 「鈴虫（すずむし）」「呼鈴（よびりん）」「予鈴（よれい）」「鈴蘭（すずらん）」。

第5問 （品詞）

① 「わたし」は名詞。 ② 「元気に」は，終止形が「元気だ」となる形容動詞の連用形。

③ 「大きな」は，直後の名詞を修飾する連体形。 ④ 「きれい」は，終止形が「きれいだ」となる形容動詞の語幹。 ⑤ 「あぁ」は，感動を表す感動詞。

★ワンポイントアドバイス★

現代文の読解は，指示内容や言いかえ表現をすばやくとらえる練習をしておこう！漢字・語句・文法などの国語知識は早めに着手して，確実に得点できる力をつけておこう！

2022年度

★★★★★★★★★★★★★★★★★★★★★★★

入　試　問　題

2022年度

我孫子二階堂高等学校入試問題

【数　学】（50分）〈満点：100点〉

1　次の（1）～(12)の□の中にあてはまる数，または式を簡単な形で書きなさい。

（1）　$4+2\times(-3)=$ □

（2）　$-16\div\dfrac{4}{3}=$ □

（3）　$(5a^2-15a)\div(-5a)=$ □

（4）　$5\sqrt{7}+3\sqrt{7}-\sqrt{28}=$ □

（5）　$(\sqrt{5}+2)(\sqrt{5}-2)+\dfrac{\sqrt{32}}{\sqrt{2}}=$ □

（6）　$\dfrac{2x+y}{3}+\dfrac{x-y}{2}=$ □

（7）　$54ab^3\div6ab^2=$ □

（8）　$(x+2)(x-4)-(x-8)=$ □

（9）　$x(x-2)-15$を因数分解すると □

(10)　一次方程式 $\dfrac{3}{4}x-\dfrac{1}{2}=7$　を解くと，$x=$ □

(11)　連立方程式 $\begin{cases}4x-y=9\\-3x+y=-7\end{cases}$　を解くと，$x=$ □，$y=$ □

(12)　二次方程式 $x^2-7x=-12$を解くと，$x=$ □，$x=$ □

2　次の（1）～(11)に答えなさい。

（1）　$x=\sqrt{3}+1$，$y=\sqrt{3}-1$ のとき，x^2-y^2の値を求めなさい。

（2）　1から10までの自然数を足したときの値を求めなさい。

（3）　120を素因数分解しなさい。

（4）　点(4，6)を通り，傾きが2の直線の式を求めなさい。

（5）　関数$y=3x^2$について，xの値が1から3まで増加するとき，変化の割合を求めなさい。

（6）　3つの連続する奇数を小さい方から順にa，b，cとする。$b^2=121$のとき，aとcの積acの値を求めなさい。

（7）　72 gの水に18 gの食塩を入れて食塩水を作った。この食塩水の濃度は何％か求めなさい。

（8）　正八角形の1つの外角の大きさを求めなさい。

（9）　次の数はある規則にしたがって並んでいる。あてはまるxを答えなさい。

-1，2，7，14，23，x，47，62

(10)　次の資料はあるクラスの数学のテストの点数である。中央値を求めなさい。

45，78，64，52，100，60，47

(11) 大小2個のさいころを同時に投げる。大きいさいころの出た目の数をa，小さいさいころの出た目の数をbとする。次の問いに答えなさい。

(ア) $a+b=6$となる確率を求めなさい。

(イ) $\sqrt{ab}$が整数となる確率を求めなさい。

3 次の図のように，関数$y=\frac{1}{2}x^2$のグラフと直線lが交点$A(-2,\ 2)$で交わっている。また，x軸に平行な直線mはy軸上の点Bで直線lと交わり，そのy座標は8である。さらに，直線mと関数$y=\frac{1}{2}x^2$のグラフの交点のうちx座標が正の点をCとする。このとき，次の問いに答えなさい。

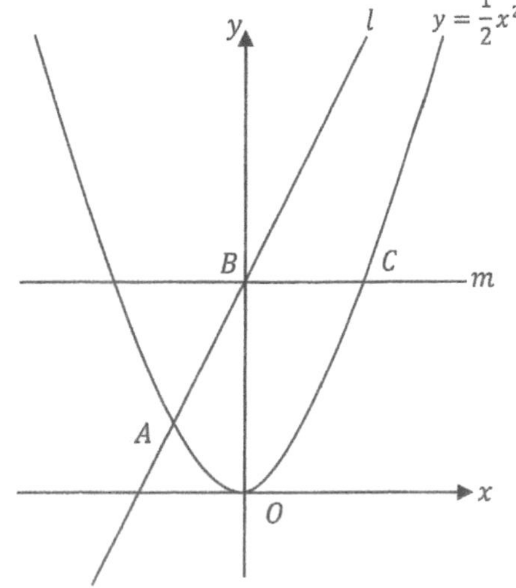

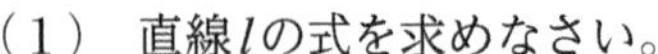

(1) 直線lの式を求めなさい。

(2) 点Cの座標を求めなさい。

(3) 四角形$OABC$の面積を求めなさい。

4 次の図のように，1辺8 cmの立方体$ABCD-EFGH$がある。辺AB，辺BF，辺BCの中点をそれぞれP，Q，Rとするとき，次の問いに答えなさい。

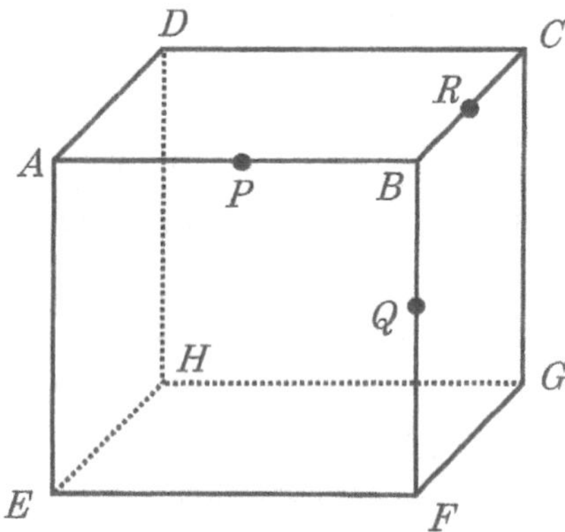

(1) 立方体$ABCD-EFGH$の表面積を求めなさい。

(2) 五角形$APQFE$の面積を求めなさい。

(3) 三角形PQRの面積を求めなさい。

(4) 三角すい$B-PQR$の体積を求めなさい。

【英　語】（50分）〈満点：100点〉

1 次の各語の下線部の発音が，他の3語と異なるものを1つ選び，記号で答えなさい。

(1) ア heavy　イ head　ウ already　エ break
(2) ア heard　イ hard　ウ early　エ birthday
(3) ア library　イ liberty　ウ children　エ window
(4) ア lady　イ change　ウ land　エ safe
(5) ア played　イ closed　ウ watched　エ answered

2 次の(1)～(5)の絵を説明した文として最も適切なものをア～オから1つ選び，記号で答えなさい。

(1) 
(2) 
(3) 
(4) 
(5) 

ア You use this to have a talk with someone in another place.
イ You use this to cook or heat food very quickly.
ウ You use this to wash your clothes at home.
エ You use this to cut something when you are cooking.
オ You use this when it is raining outside.

3 AとBの関係とCとDの関係が同じになるように，空所(1)～(5)に入る語を答えなさい。

A	B	C	D
first	January	(1)	February
uncle	aunt	(2)	daughter
east	west	(3)	left
good	better	many	(4)
speak	spoken	write	(5)

4 次の各組の文がほぼ同じ意味になるように，（　　）内に入る語を答えなさい。

(1) I was happy to hear the news.
The news (　　　) me happy.
(2) We had too much snow last winter.
(　　　) snowed too much last winter.
(3) Let's play badminton when school is over.
Let's play badminton (　　　) school.
(4) Yesterday I was very busy, so I couldn't go out.

Yesterday I was (　　　) busy to go out.

(5) Brenda lost her smartphone, and she doesn't have it now.

Brenda (　　　) lost her smartphone.

5 次の各文の(　　)内に入る最も適切なものをア～エから1つ選び，記号で答えなさい。

(1) Sarah and I (　　　) high school students.

ア be　イ are　ウ is　エ am

(2) There (　　　) many children in this park yesterday.

ア is　イ was　ウ are　エ were

(3) Study hard, (　　　) you will pass the exam.

ア so　イ or　ウ but　エ and

(4) Brian visited Okinawa with (　　　) last month.

ア they　イ their　ウ them　エ theirs

(5) Mr. Johnson can speak Japanese, (　　　)?

ア can he　イ can't he　ウ does he　エ doesn't he

(6) I think this book is (　　　) difficult than that one.

ア more　イ much　ウ better　エ very

(7) When (　　　) this picture taken?

ア do　イ did　ウ was　エ were

(8) We are surprised (　　　) the news.

ア with　イ at　ウ by　エ on

(9) That white building (　　　) you can see over there is a hotel.

ア who　イ what　ウ which　エ why

(10) I took a picture of the mountain (　　　) with snow.

ア cover　イ covers　ウ covering　エ covered

(11) I'm looking forward (　　　) you again.

ア to see　イ to seeing　ウ see　エ seeing

(12) Could you (　　　) me the way to the amusement park?

ア tell　イ speak　ウ talk　エ say

(13) The teacher asked me (　　　) the window.

ア open　イ opening　ウ to open　エ to opening

(14) I have been to Tokyo Disneyland (　　　).

ア next time　イ last time　ウ for a week　エ three times

(15) It is very interesting (　　　) us to learn foreign languages.

ア for　イ of　ウ with　エ to

6 日本文に合うように英語を並べかえたとき，【　】内で3番目にくる語句を記号で答えなさい。

(1) 私は彼女が何歳なのか知らない。

I don't know【ア is　イ old　ウ how　エ she】.

(2) 私の父はドイツ製の車を持っています。

My father【ア has　イ made　ウ Germany　エ in　オ a car】.

(3) 私はすでにその本を読んでしまいました。

I【ア the book　イ already　ウ reading　エ have　オ finished】.

(4) あなたは明日ここに来る必要はありません。

You【ア here　イ to　ウ don't　エ come　オ have】tomorrow.

(5) 何か食べ物を私にくれませんか？

Will you【ア something　イ give　ウ me　エ to　オ eat】?

7 次の英文を読み，下の問いに答えなさい。

Jane found her old bicycle in the garage*. It was a lot ① small than she remembered*. When she sat on it and put her feet on the pedals, her knees nearly touched her chin. She put it back sadly and went inside the house. Her dad was working in his room.

"Dad, [A]" asked Jane.

"Sure," said Jane's dad. "Cycling is good for you. You can get ② one for your birthday."

"But my birthday is five months later!" cried Jane. "Everyone at school has a bike. They all go to the park after school together. I want to go, too!"

"Well, I'm sorry, I don't have much money to buy a bicycle for you now," said dad. "Why don't you work and earn* some money? For example, I am very busy now and I don't have time to cut the grass*. If you ③ do that, I'll give you five dollars."

"Okay," said Jane. She went to the garage and got the lawn mower*. It was very heavy and difficult to push, but soon the grass (④). She was putting the lawn mower away when her neighbor*, Mrs. Kennedy, looked over the wall.

"You did a great job there! Can you mow* my lawn, too?" said Mrs. Kennedy. "I'll give you ten dollars!"

"Sure!" said Jane. "⑤ I'll come right away!"

That night Jane made a poster on the computer. She wrote 'Gardening and Housework – Ten dollars an hour. Call Jane (026-5714).' She made fifty copies of it. Then she put the posters on all the doors around her house.

That week, Jane was very busy! Lots of people had jobs to do, but they didn't have time to do them. So they called Jane. Every day, Jane rushed* home from school. She did her homework quickly, and then she went out to work. At the end of the week, she had $75!

"That's enough for a ⑥ secondhand bicycle," said Jane's dad.

"Yes, but if I work for one more week, I might have enough money for a new bike," said Jane. "In two more weeks, I could buy a really good bicycle! I want to have the best bicycle in the class, because I earned it!"

Jane's dad hugged* her. "I think you learned ⑦ something important. When we get something without earning it, we do not realize its true value*."

*注　garage：車庫　／　remember：覚えている　／　earn：お金を稼ぐ　／　grass：芝生　／　lawn mower：芝刈り機
neighbor：隣人　／　mow：刈り取る　／　rush：急いで行く　／　hug：抱きしめる　／　value：価値

(1)　下線部①のsmallを適切な形に直しなさい。

(2)　ジェインが車庫で見つけた古い自転車についての説明として正しいものをア～エから1つ選び，記号で答えなさい。

ア　座ると足が地面についてしまい，ヒザがあごにぶつかってしまう
イ　座ってペダルに足をかけると，ヒザがあごにつきそうになってしまう
ウ　誕生日のプレゼントとしてもらったもので，サイクリングにはちょうど良い
エ　誕生日のプレゼントとしてもらったもので，みんなが持っているものと同じ

(3)　空所［　A　］に入れるのに最も適切な表現をア～エから1つ選び，記号で答えなさい。

ア　do you know when my birthday is?　　イ　what are you doing?
ウ　what do you think of my bicycle?　　エ　can I get a new bicycle?

(4)　下線部②のoneが指すものを日本語で答えなさい。

(5)　下線部③のdo thatが指す内容をア～エから1つ選び，記号で答えなさい。

ア　新しい自転車を買う　　イ　お金を稼ぐ
ウ　芝生を刈る　　エ　放課後，公園に行く

(6)　空所④に入る最も適切なものをア～エから1つ選び，記号で答えなさい。

ア　cutting　　イ　cuts　　ウ　was cutting　　エ　was cut

(7)　下線部⑤の意味をア～エから1つ選び，記号で答えなさい。

ア　右に行きます！　　イ　すぐ行きます！
ウ　すぐ来ます！　　エ　右から来ます！

(8)　ジェインが作成したポスターとして正しいものをア～エから1つ選び，記号で答えなさい。

ア
GARDENING
AND
HOUSEWORK
Price : $10 / hour

イ
GARDENING
AND
HOMEWORK
Price : $10 / hour

ウ
GARDENING
AND
HOUSEWORK
Price : $10 / day

エ
GARDENING
AND
HOMEWORK
Price : $10 / day

(9)　下線部⑥のsecondhandはどのような意味か，ア～エから1つ選び，記号で答えなさい。

ア　最古の　　イ　中古の　　ウ　新品の　　エ　未使用の

⑽ 下線部⑦のsomething importantとはどのようなことか，ア～エから1つ選び，記号で答えなさい。

ア　自分でお金を稼いで物を手に入れないと，私達はその本当の価値に気づかない

イ　自分でお金を稼いで物を手に入れても，価値があるとはかぎらない

ウ　働けば働いただけお金がたくさんもらえる

エ　クラスで1番の自転車を買うには，たくさん働かなくてはならない

⑾ 本文の内容に合うように，次の文の(　　)に入る数字をア～エから1つ選び，記号で答えなさい。

Jane had (　　) dollars after she finished mowing her neighbor's lawn.

ア　10　　イ　15　　ウ　50　　エ　75

⑿ 本文の内容と合っているものをア～オから2つ選び，記号で答えなさい。

ア　When Jane found her old bicycle in the garage, she was very sad.

イ　Jane and her friends went to the park after school.

ウ　After Jane got money from Mrs. Kennedy, she thought she could make more money.

エ　Jane was too busy to do her homework.

オ　Jane worked for three weeks in total.

8　次の4人の対話を読み，下の問いに答えなさい。

Yamato：Excuse me. Um... where should I sit?
Mike：(　　①　　)
Yamato：May I sit next to you?
Mike：Sure. I'm Mike. Michael Jackson. Nice to meet you.
Yamato：Nice to meet you. I'm Yamato.
Mike：Can you spell it, please?
Yamato：Y-A-M-A-T-O.
Mike：Yamato, (　　②　　)
Yamato：I'm from Japan. I came here last week.
Mike：So you are really [A] here!
Yamato：Yes. Is that your trumpet, Michael?
Mike：Yeah, I'm a member of a marching band. This is brand-new. I used up my allowance to buy it.
Yamato：Allow... what?
Mike：Allowance. It means "Pocket money". I spent most of my pocket money...
Kevin：Mike! Hey! How have you been?
Mike：(　　③　　) Oh, Kevin, you've changed your hair style! That's cool!
Kevin：Thanks. I like it.
Mike：Oh, Kevin, let me introduce Yamato. He's from Japan.
Kevin：Hi, Yamato.
Yamato：Hello, Kevin.
Mike：Yamato, Kevin knows everything about computers. If you have any trouble with computers, he's the one to ask.

Kevin：Yeah, (　　④　　) Oh, here comes Helen. Helen!
Helen：Oh, hi, guys. Hi, Yamato.
Yamato：Hi, Helen. What are those sticks for, Helen?
Helen：Oh, they're for drums, "Quint Toms". I'm on the marching band with Mike.
Yamato：Qu... Qu... Quint Toms? It's [A] for me.
Kevin：All right. I'll show you that with my computer.
Mike：Oh, here teacher is. O.K. After this class, we'll show you the real thing. We have marching practice this afternoon. Come and watch us!
Helen：Sounds great.
Yamato：O.K. (　　⑤　　) That's going to be great!

(1) 空所①～⑤に入る適切な文をア～オから選び，記号で答えなさい。ただし，文の途中であっても，文頭はすべて大文字にしてある。

ア Just fine.　　イ Anywhere you like.　　ウ Where are you from?
エ I'll do that.　　オ I'm always happy to help you, Yamato.

(2) 空所[A]に共通して入る最も適切な語をア～エから1つ選び，記号で答えなさい。

ア big　　イ new　　ウ old　　エ young

(3) ヤマトが以前から知っていた人物はだれか，その人物の名前を英語で答えなさい。

(4) この会話が行われている場所をア～エから1つ選び，記号で答えなさい。

ア 校庭　　イ 体育館　　ウ 食堂　　エ 教室

(5) 次の各文が本文の内容と合っていれば○，間違っていれば×で答えなさい。

① Mike doesn't want to sit next to Yamato because he is from Japan.
② Yamato has been here for a long time.
③ Kevin has changed his hair style, so he feels cold.
④ Kevin is asked questions about computers because he is good at using them.

だろうに。

ウ　もし手紙がなかったら、あそこまで行かずに済んだのに。

エ　手紙の書き方を習っていたら、心ゆくまで気持ちをつづれただろうに。

問八　傍線部⑥「よろづの事」とはどのようなことか。最も適当なものを次の中から選び、記号で答えなさい。

ア　ある日の事　　イ　少しの事

ウ　大事な人の事　　エ　様々な事

問九　傍線部⑦「ことわり」を漢字にした場合、最も適当なものを次の中から選び、記号で答えなさい。

ア　異　　イ　断　　ウ　道　　エ　理

問十　本文は『枕草子』の一部です。作者名を漢字で答えなさい。

第3問　次の①～⑤の傍線部の送りがなが最も適当なものをそれぞれ下の選択肢から選び、記号で答えなさい。

①　友人をオドロカセル発言。

〔ア　驚せる　　イ　驚かせる　　ウ　驚る〕

②　珍しい仕事にタズサワル。

〔ア　携わる　　イ　携る　　ウ　携さわる〕

③　イチジルシイ成長を見せてくれた。

〔ア　著じるしい　　イ　著い　　ウ　著しい〕

④　依頼をココロヨク受け入れる。

〔ア　快く　　イ　快よく　　ウ　快ころよく〕

⑤　新しい方法をココロミル。

〔ア試みる　　イ　試ろみる　　ウ　試こころみる〕

第4問　次の①～⑤の熟語の対義語として適当なものを後の語群からそれぞれ選び、漢字に改めて答えなさい。

①　急性　　②　需要　　③　野党

④　複雑　　⑤　音読

【語群】

キョウキュウ　　ヨトウ　　モクドク

マンセイ　　タンジュン

第5問　次の①～⑤の作者の作品として適当なものを後の語群から選び、それぞれ記号で答えなさい。

①　本居宣長　　②　鴨長明　　③　志賀直哉

④　宮沢賢治　　⑤　安岡章太郎

【語群】

ア　ガラスの靴　　イ　オツベルと象　　ウ　玉勝間

エ　ヴィヨンの妻　　オ　方丈記　　カ　暗夜行路

キ　金色夜叉

問十三　傍線部⑩「どこもが世界の中心になる時代が来ました」とあるが、芸術家にとって良かったことはどのようになったことか。「～ようになったこと」に続くように本文中から八字で抜き出して答えなさい。

問十四　傍線部⑪「その失われつつある内容」を簡潔に示した三字の語を本文中から抜き出して答えなさい。

第2問　次の文章を読んで、後の設問に答えなさい。

めづらしと言ふべき事にはあらねど、文こそなほめでたきものには。はるかなる世界にある人の、いみじくおぼつかなく、いかならむと思ふに、文を見れば、ただいまさし向ひたるやうにおぼゆる、いみじき事なりかし。わが思ふ事を書きやりつれば、あしこまでも行き着かざるらめど、心ゆく心ちこそすれ。文といふ事なからましかば、いかにいぶせく、暮れふたがる心ちせまし。よろづの事思ひ思ひて、その人のもとへ細々と書きておきつれば、おぼつかなさをもなぐさむ心ちするに、まして返事見つれば、命を延ぶべかンめる、げにことわりにや。

（『枕草子』二一一）

問一　波線部a「言ふ」b「やう」c「なぐさむ」を現代かなづかいのひらがなに改めて答えなさい。

問二　傍線部①「人」とは、どのような人か。最も適当なものを次の中から選び、記号で答えなさい。

ア　はるか遠い国にいる人　　イ　世界中にいる人

ウ　珍しい人　　エ　あの世の人

問三　傍線部②「いみじく」の意味として最も適当なものを次の中から選び、記号で答えなさい。

ア　良くない　　イ　忙しい

ウ　すばらしい　　エ　たいへん

問四　二重傍線部A「見れ」B「行き着かざる」の主語として、最も適当なものを次の中からそれぞれ選び、記号で答えなさい。

ア　作者　　イ　文

ウ　はるかなる世界にある人　　エ　命

問五　傍線部③「いみじき事」とはどのようなことか。最も適当なものを次の中から選び、記号で答えなさい。

ア　手紙を見ると相手と向かい合っているかのように感じられること。

イ　手紙が着いた頃かと楽しみに感じられること。

ウ　相手の無事を知ることができること。

エ　おめでたい手紙がはるばる届いたこと。

問六　傍線部④「わが思ふ事を書きやりつれば」とあるが、自分の思うことを書いて送るとどのような気持ちになるか。本文中から九字で抜き出し、最初の五字を答えなさい。

問七　傍線部⑤「暮れふたがる心ちせまし」とはどのようなことか。最も適当なものを次の中から選び、記号で答えなさい。

ア　手紙の書き方を習っていたら、このようなことは防げただろうに。

イ　もし手紙がなかったら、心が塞がるような気持ちになることないといけない理由として不適切なものを次の中から一つ選び、記号で答えなさい。

ア　自分の才能が開花するチャンスがあるから。

イ　新鮮な芸術の情報に出会えるから。

ウ　勢いのある芸術の情報に出会えるから。

エ　才能ある芸術家と交流できる機会があるから。

問五　傍線部③「世の中が激変した」とあるが、そうした世の中に対して、筆者はどのような考えを持っているか。最も適当なものを次の中から選び、記号で答えなさい。

ア　嫌悪　　イ　懸念　　ウ　杞憂　　エ　好機

問六　空欄 X ・ Y に入る言葉として、最も適当なものをそれぞれ下の選択肢から選び、記号で答えなさい。

X：ア　視覚　　イ　嗅覚　　ウ　質感

Y：ア　情報　　イ　触感　　ウ　聴覚

問七　傍線部④「空恐ろしい犯罪が多発していることが、私にはインターネットと無関係とは思えない」とあるが、その原因として筆者が具体的に挙げているものを本文中から一九字で抜き出して答えなさい。

問八　傍線部⑤「スイッチが入ってしまった心」とはどのような状態を指すか。「～状態」に続くように本文中から二八字で抜き出し、最初の五字を答えなさい。（ただし、二八字には句読点も含みます。）

問九　傍線部⑥「その軸が置かれている」とあるが、そうでないものを本文中から七字で抜き出して答えなさい。

問十　傍線部⑦「すべてがわかったような気になってしまっている」とあるが、なぜ筆者はこのような否定的な言い方をしているのか。最も適当なものを次の中から選び、記号で答えなさい。

ア　インターネットで知った気になっているが、絵画などは実物を目にしないと内実が理解できないから。

イ　芸術作品は視覚情報と音、文字情報で味わうことができるので、インターネットで十分であるから。

ウ　インターネットは情報が豊富なため、事前に調べないでいると現実で芸術を味わうことはできないから。

エ　インターネットの発達により、遠方においても十分に芸術を味わうことができるようになったから。

問十一　傍線部⑧「心は情報の網の目から抜け落ち」とあるが、これはどうなることを意味するのか、その内容として適当な部分を本文中から九字で抜き出して答えなさい。

問十二　傍線部⑨「新たな動き」の具体例として、最も適当なものを次の中から選び、記号で答えなさい。

ア　好きなユーチューバーのライブ配信中に、コメントをしたら反応してくれた。

イ　被災地にボランティアとして赴き、悲惨な現実を目に焼き付けることができた。

ウ　４Ｄの映画で、実際にその場にいなくとも、そこにいるかの様な感覚になった。

エ　テレビで美味しそうだったステーキを、視聴者プレゼントで実際に食べることができた。

が良ければ必ず、他人の目に留(と)まるようになりました。［3］、今の時代にダ・ヴィンチやゴッホ、ピカソが生きていたら、彼らも絶対にホームページを作っていたでしょう（どんなものか、見てみたいですが……）。

一瞬のうちに、全世界の人たちがその情報に触れることができるのですから、文化も、このインターネットという文明に大きく影響を受けたのかもしれません。

ただし、最終的には映画や映像作品など視覚メディアを除き、絵画も彫刻も工芸も実物を目にし、その触覚的な情報や空気感、空間感覚を感じないと、その内実はほとんど伝わってこないと思います。なぜなら、これは繰り返しますが、インターネットでは基本的に視覚情報と音、そして文字情報しか伝わらないのに対し、美術や音楽のみならず、茶道(さどう)や華道(かどう)、料理までの多種多様な芸術は、インターネットが一番不得意とする空間や質感、温度感、匂い、湿度そして空気感にこそ、⑥その軸が置かているからです。

それにもかかわらず、⑦すべてがわかったような気になってしまっていることに深刻な問題があります。バーチャルと現実が入り乱れ、⑧心は情報の網の目から抜け落ちて、誰にも救うことのできない、デジタルで生み出された虚無の領域にはまり込む、と私は感じているのです。

インターネットの本当の恐ろしさに、まだ人々は気づいてない、と私は感じています。インターネットは、殺伐として血の通わない、体温もなければ匂いもない種類の感動を生み、「草食系」と言われるインターネットだけで事足(ことた)り、充足してしまう少年少女を生んだ一因となり、人々はのめり込み、どこでもないところへたどり着くと思います。

いっぽう、五感で感じるリアリティーを伝えようとす、⑨新たな動きも出ています。［4］ＡＫＢ48の場合、アイドルと握手をすることによって、ファンたちは相手も血の通った人間であると知ります。バーチャルリアリティーのなかを生きる少年少女たちにとって、虚像(e)であるはずのアイドルが現実に生きて実体を伴う人間だったという体験は、実はとても大きな意味を持つ転換点になりえる、と私は考えています。

その逆で、実際の戦争や事故がインターネットやテレビで繰り返し放映されることで、現実感を失っていくことも指摘されています。

インターネットにより、情報を発信さえすれば⑩どこもが世界の中心になる時代が来ました。しかし、同時に失われたことも多く、⑪その失われつつある内容は深刻なもの、と私は感じているのです。

（『芸術とは何か千住博が答える147の質問』（千住博））

問一　波線部a～eのカタカナは漢字に、漢字はひらがなに改めて答えなさい。

問二　空欄［1］～［4］にあてはまる言葉として、最も適当なものを次の中からそれぞれ選び、記号で答えなさい。

ア　なぜなら　イ　そして　ウ　しかし
エ　たとえば　オ　もし

問三　傍線部①「一般」の対義語として、最も適当なものを次の中から選び、記号で答えなさい。

ア　相対　イ　特別　ウ　普遍　エ　絶対

問四　傍線部②「それでも私たちは行ったのです」とあるが、そうし

【国語】（五〇分）〈満点：一〇〇点〉

第1問　次の文章を読んで、後の設問に答えなさい。

私は、ニューヨークに暮らして20年になります。なぜ、ニューヨークに暮らしているのか、とよく尋ねられます。

20年前、私たちの生活は、現在のような情報化社会とはまったく違いました。インターネットが①一般に普及していなかったのです。ホームページという概念もなかったに等しく、ブログもユーチューブもツイッターもフェイスブックも存在していませんでした。つまり、ある情報を得ようと思ったら、そして自分を情報として世界に伝達(a)しようと思ったら、自分が「文化の中心」に行くしかなかったのです。［1］、その文化の中心がニューヨークだったのです。

20年前、全世界の才能のある人たちは、ニューヨークに集まっていました。毎週ソーホーやローワーイーストサイドのギャラリーで、様々な作家との交流がありました。当時のニューヨークは犯罪も今よりずっと多く、最先端のギャラリーが多く集まっているような地域は、安全ではありませんでした。［2］、②それでも私たちは行ったのです。そうしないと、もっとも新鮮(b)で勢いのある芸術の情報には出合えなかったし、そこに行けば、才能ある芸術家とも交流できたからです。

③世の中が激変したのは一九九〇年代後半からです。人々はホームページを持ち、インターネットに自分の情報を載せ始めました。それにより、ニューヨーク、ひと昔前はパリ、さらに昔はフィレンツェだった文化の中心が、ネット上に移行したと私は感じています。情報を発信すれば、世界のどんな辺鄙な場所も、世界の中心となりえる時代がトウライ(c)したのです。それどころか、ネットのなかだけで生息するバーチャルな芸術作品も登場するに至りました。質感も触感も絵の具の匂いも伴わない、［X］と［Y］だけの世界観です。バーチャルな空間でバーチャルなペットを育てることまで流行し、今やネット上だけで生きるアイドルまで現われています。

私は、このバーチャルな世界だけに存在するイメージに関しては、かなり行きすぎていると警戒しています。テレビゲームのような感覚で生や死、まして心に関わるリアリティーが完全に補えることはありません。「そんなことわかっているよ」と言う方もいるかもしれません。しかし、五感がとらえる現実感から離れ、マインドだけ先走ると、たとえばビルの屋上から子どもを突き落としても、ゲームのようでピンと来ないように思えてしまうのではないか。そんな④空恐ろしい犯罪が多発していることが、私にはインターネットと無関係とは思えないのです。

インターネットのなかでカクウ(d)に作り出した人格になり、恋愛をしている人もいますが、その先には未来もなければ夢もありません。最初は、これは遊びとわかっていても途中から仮想現実にのめり込み、本気で恋愛したり傷ついたりしているのですから、深刻です。⑤スイッチが入ってしまった心は、そんなに簡単にオン・オフをインターネットのように操れるものではありません。

インターネットは、私たちの社会を激変させ、その恩恵で、芸術家もそれ以前とはまったく異なる環境を手に入れました。「埋もれた芸術家」として、何十年も経って〝発掘される〟ことがなくなり、作品

大切なことはメモしておこうネ！

T.G

2022年度

解　答　と　解　説

《2022年度の配点は解答欄に掲載してあります。》

＜数学解答＞

1　(1)　-2　(2)　-12　(3)　$-a+3$　(4)　$6\sqrt{7}$　(5)　5　(6)　$\frac{7x-y}{6}$
(7)　$9b$　(8)　x^2-3x　(9)　$(x+3)(x-5)$　(10)　$x=10$　(11)　$x=2,\ y=-1$
(12)　$x=3,\ x=4$

2　(1)　$4\sqrt{3}$　(2)　55　(3)　$2^3\times3\times5$　(4)　$y=2x-2$　(5)　12　(6)　$ac=117$
(7)　20(%)　(8)　45°　(9)　$x=34$　(10)　60　(11)　(ア)　$\frac{5}{36}$　(イ)　$\frac{2}{9}$

3　(1)　$y=3x+8$　(2)　(4, 8)　(3)　24

4　(1)　384(cm²)　(2)　56(cm²)　(3)　$8\sqrt{3}$(cm²)　(4)　$\frac{32}{3}$(cm³)

○配点○
1, 2　各3点×24　3, 4　各4点×7　計100点

＜数学解説＞

基本 1　(数・式の計算，平方根の計算，因数分解，一次方程式，連立方程式，二次方程式)

(1)　$4+2\times(-3)=4-6=-2$

(2)　$-16\div\frac{4}{3}=-16\times\frac{3}{4}=-12$

(3)　$(5a^2-15a)\div(-5a)=\frac{5a^2}{-5a}-\frac{15a}{-5a}=-a+3$

(4)　$5\sqrt{7}+3\sqrt{7}-\sqrt{28}=8\sqrt{7}-2\sqrt{7}=6\sqrt{7}$

(5)　$(\sqrt{5}+2)(\sqrt{5}-2)+\frac{\sqrt{32}}{\sqrt{2}}=(\sqrt{5})^2-2^2+\frac{4\sqrt{2}}{\sqrt{2}}=5-4+4=5$

(6)　$\frac{2x+y}{3}+\frac{x-y}{2}=\frac{2(2x+y)+3(x-y)}{6}=\frac{4x+2y+3x-3y}{6}=\frac{7x-y}{6}$

(7)　$54ab^3\div6ab^2=9b$

(8)　$(x+2)(x-4)-(x-8)=x^2-2x-8-x+8=x^2-3x$

(9)　$x(x-2)-15=x^2-2x-15=(x+3)(x-5)$

(10)　$\frac{3}{4}x-\frac{1}{2}=7$　両辺を4倍して，$3x-2=28$　$3x=30$　$x=10$

(11)　$4x-y=9$…①　$-3x+y=-7$…②　①＋②から，$x=2$　これを②に代入して，$-3\times2+y=-7$　$y=-7+6=-1$

(12)　$x^2-7x=-12$　$x^2-7x+12=0$　$(x-3)(x-4)=0$　$x-3=0$から，$x=3$　$x-4=0$から，$x=4$

2　(式の値，素因数分解，関数，文字の利用，濃度，角度，規則性，統計，確率)

(1)　$x^2-y^2=(x+y)(x-y)=\{(\sqrt{3}+1)+(\sqrt{3}-1)\}\{(\sqrt{3}+1)-(\sqrt{3}-1)\}=2\sqrt{3}\times2=4\sqrt{3}$

基本 (2)　$1+2+3+4+5+6+8+9+10=55$

基本 (3)　$120=2^3\times3\times5$

基本 (4)　$y=2x+b$に(4, 6)を代入すると，$6=2\times4+b$　$b=6-8=-2$　よって，$y=2x-2$

基本 (5)　$\frac{3\times3^2-3\times1^2}{3-1}=\frac{27-3}{2}=\frac{24}{2}=12$

(6)　$b^2=121$から，$b=\sqrt{121}=11$　よって，$a=9$，$c=13$　$ac=9\times13=117$

基本 (7)　$\frac{18}{72+18}\times100=\frac{18}{90}\times100=20(\%)$

基本 (8)　多角形の外角の和は360°だから，360°÷8=45°

(9)　−1, 2, 7, 14, 23, x, 47, 62　差を計算すると，3, 5, 7, 9, $(x-23)$，$(47-x)$，15となっているので，$x-23=11$，$x=23+11=34$

基本 (10)　点数が低い順に並べると，45，47，52，60，64，78，100　中央値は4番目の点数になるから，60

(11)　(ア)　大小2個のさいころの目の出方は全部で，6×6=36(通り)　そのうち，$a+b=6$となる場合は，$(a,\ b)=(1,\ 5)$，$(2,\ 4)$，$(3,\ 3)$，$(4,\ 2)$，$(5,\ 1)$の5通り。よって，求める確率は，$\frac{5}{36}$

(イ)　$\sqrt{ab}$が整数となる場合は，$ab=1$, 4, 9, 16, 25, 36となるときだから，$(a,\ b)=(1,\ 1)$，$(1,\ 4)$，$(2,\ 2)$，$(3,\ 3)$，$(4,\ 1)$，$(4,\ 4)$，$(5,\ 5)$，$(6,\ 6)$の8通り。よって，求める確率は，$\frac{8}{36}=\frac{2}{9}$

3 (図形と関数・グラフの融合問題)

基本 (1)　直線ℓの切片は8だから，$y=ax+8$に点Aの座標を代入して，$2=a\times(-2)+8$　$2a=8-2=6$　$a=3$　よって，直線ℓの式は，$y=3x+8$

(2)　$y=\frac{1}{2}x^2$に$y=8$を代入して，$8=\frac{1}{2}x^2$　$x^2=16$　$x>0$から，$x=4$　よって，C(4, 8)

重要 (3)　(四角形OABC)=△ABO+△CBO=$\frac{1}{2}\times8\times2+\frac{1}{2}\times8\times4=8+16=24$

4 (空間図形の計量問題−面積，体積)

基本 (1)　一つの面の面積は，8×8=64　立方体は6面あるから，64×6=384(cm²)

(2)　$\mathrm{BP}=\mathrm{BQ}=\frac{8}{2}=4$　$\triangle\mathrm{BPQ}=\frac{1}{2}\times4\times4=8$　(五角形APQFE)=(正方形ABFE)−△BPQ=64−8=56(cm²)

(3)　$\mathrm{PQ}=\mathrm{QR}=\mathrm{RP}=4\sqrt{2}$　△PQRは一辺の長さが$4\sqrt{2}$の正三角形だから，$\triangle\mathrm{PQR}=\frac{1}{2}\times4\sqrt{2}\times4\sqrt{2}\times\frac{\sqrt{3}}{2}=8\sqrt{3}$(cm²)

重要 (4)　三角すいB−PQRの一つの面である△BPQを底面とすると高さはBRになるから，(三角すいB−PQR)=$\frac{1}{3}\times8\times4=\frac{32}{3}$(cm³)

★ワンポイントアドバイス★

3 (3)の△ABOと△CBOの共通の辺BOを底辺とすると高さはそれぞれ点Aと点Cのx座標の絶対値となる。△ABOの高さを(−2)で計算しないように気をつけよう。

＜英語解答＞

1 (1) エ (2) イ (3) ア (4) ウ (5) ウ

2 (1) ウ (2) エ (3) オ (4) イ (5) ア

3 (1) second (2) son (3) right (4) more (5) written

4 (1) made (2) It (3) after (4) too (5) has

5 (1) イ (2) エ (3) エ (4) ウ (5) イ (6) ア (7) ウ
(8) イ (9) ウ (10) エ (11) イ (12) ア (13) ウ (14) エ
(15) ア

6 (1) エ (2) イ (3) オ (4) イ (5) ア

7 (1) smaller (2) イ (3) エ (4) 自転車 (5) ウ (6) エ
(7) イ (8) ア (9) イ (10) ア (11) イ (12) ア，ウ

8 (1) ① イ ② ウ ③ ア ④ オ ⑤ エ (2) イ (3) Helen
(4) エ (5) ① × ② × ③ × ④ ○

○配点○

1～3，5 各1点×30 他 各2点×35 計100点

＜英語解説＞

基本 **1** （発音）

(1) エは [ei]，それ以外は [e] と発音する。

(2) イは [ɑː]，それ以外は [əː] と発音する。

(3) アは [ai]，それ以外は [i] と発音する。

(4) ウは [æ]，それ以外は [ei] と発音する。

(5) ウは [t]，それ以外は [d] と発音する。

基本 **2** （単語）

(1) 「家で服を洗うためにこれを使う」＝「洗濯機」

(2) 「料理をしているときに何かを切るときにこれを使う」＝「包丁」

(3) 「雨が降っているときにこれを使う」＝「傘」

(4) 「とてもはやく食べ物を料理したり温めたりするためにこれを使う」＝「電子レンジ」

(5) 「他の場所の人と話すときにこれを使う」＝「電話」

3 （単語）

(1) February は2番目なので，second となる。

(2) 「男性－女性」の組み合わせなので，son「息子」が適切である。

(3) left「左」⇔ right「右」

(4) many の比較級は more である。

(5) write － wrote － written

重要 **4** （書き換え問題：熟語，不定詞，現在完了）

(1) 〈make ＋人＋A〉「人をAにする」

(2) 天候を表すときに用いる It を使う。この場合の it は訳さない。

(3) when school is over「学校が終わったとき」＝ after school「放課後」

(4) 〈too ～ to …〉「～すぎて…できない」

(5) have lost ～「～をなくしてしまった(今も持っていない)」という現在完了の完了用法である。

重要 5 （適語選択問題：命令文，前置詞，付加疑問文，比較，受動態，関係代名詞，分詞，動名詞，不定詞，現在完了）

(1) Sarah and I が主語であるので，be動詞は are が適切。
(2) 過去の文で，後に複数形の名詞があるので，were が適切。
(3) 〈命令文, and ～〉「…しなさい，そうすれば～」
(4) 前置詞のあとは，目的格の them が適切。
(5) 付加疑問文は，前の部分が肯定文の場合には否定疑問の形になる。
(6) difficult を比較級にするには more をつける。
(7) 受動態の疑問文なので，be動詞を用いる。
(8) be surprised at ～「～に驚く」
(9) that white building が先行詞なので，目的格の関係代名詞 which を用いる。
(10) covered with snow は前の名詞を修飾する分詞の形容詞的用法である。
(11) look forward to ～ ing「～するのを楽しみに待つ」
(12) Could you tell me the way to ～?「～への道を教えてくれませんか」
(13) 〈ask ＋人＋ to ～〉「人に～するように頼む」
(14) 〈have been to ～ three times〉「～に3回行ったことがある」という現在完了の経験用法である。
(15) 〈It is ～ for 人 to …〉「…することは人にとって～だ」

重要 6 （語句整序問題：間接疑問文，分詞，現在完了，助動詞）

(1) (I don't know) how old she is(.)　間接疑問文は〈how old ＋主語＋動詞〉の語順になる。
(2) (My father) has a car made in Germany(.)　made in Germany は前の名詞を修飾する分詞の形容詞的用法である。
(3) (I) have already finished reading the book(.)　〈have already ＋過去分詞〉「すでに～してしまった」
(4) (You) don't have to come here (tomorrow.)　〈don't have to ～〉「～する必要はない」
(5) (Will you) give me something to eat(?)　Will you ～?「～してくれませんか」

7 （長文読解問題・物語文：要旨把握，指示語，語句補充，英文和訳，語句解釈，内容吟味）

（全訳）　ジェインはガレージで古い自転車を見つけた。それは彼女が覚えているよりもはるかに①小さかった。彼女がその上に座ってペダルに足を乗せると，彼女の膝が彼女のあごに触れそうになった。彼女は悲しそうにそれを元に戻し，家の中に入った。彼女の父親は彼の部屋で働いていた。

「お父さん，A新しい自転車を買ってもいい？」ジェーンに尋ねた。

「もちろん」とジェインのお父さんは言った。「サイクリングはあなたにとって良いことだよ。②それを誕生日に手に入れられるよ」

「でも，私の誕生日は5ヶ月後だよ！」とジェインは叫んだ。「学校ではみんな自転車を持っているの。放課後はみんな一緒に公園に行くから，私も行きたい！」

「ごめんね，今は自転車を買うお金があまりないんだ」とお父さんは言った。「働いてお金を稼いでみないかい？例えば，私は今とても忙しくて，草を刈る時間がないんだ。もし，あなたが③それをするなら，5ドルあげるよ」

「わかったよ」とジェインは言った。彼女はガレージに行き，芝刈り機を手に入れた。とても重くて押すのが大変だったが，すぐに草が④刈られた。彼女が芝刈り機を片付けていると，隣人のケネディ夫人が壁越しに覗き込んだ。

「あなたは素晴らしい仕事をしたね！私の芝刈りもしてもらえない？」とケネディ夫人は言った。

「10ドルあげるよ！」

「もちろん！」とジェインは言った。「⑤すぐに行くね！」

その夜，ジェインはコンピューターにポスターを作った。彼女は「ガーデニングと家事—1時間に10ドル。ジェイン(026-5714)に電話してください」と書いた。彼女はそれを50部作った。それから彼女は家の周りのすべてのドアにポスターを貼った。

その週，ジェインはとても忙しかった。多くの人々がやるべき仕事を持っていたが，それをする時間がなかった。そこで彼らはジェインに電話をかけた。毎日，ジェインは学校から急いで帰宅した。彼女はすぐに宿題をし，それから仕事に出かけた。週末，彼女は75ドルを持っていた！

「⑥中古自転車にはこれで十分だね」とジェインのお父さんは言った。

「ええ，でもあと1週間働けば，新しい自転車を買うのに十分なお金になるかもしれない」とジェインは言った。「あと2週間で，本当にいい自転車が買えるのに！クラスで最高の自転車を手に入れたい！」

ジェインの父親は彼女を抱きしめた。「⑦大事なことを学んだと思うよ。稼がずに何かを手に入れたら，その本当の価値に気づかないね」

(1)　後に than があるので，比較級にすればよい。

(2)　第1段落第3文「座ってペダルに足を乗せると，彼女の膝が彼女のあごに触れそうになった」とある。

(3)　Sure.「もちろん」と答えているので，Can I ～?「～してもいいですか」が適切。

(4)　誕生日に手に入れられるものは「自転車」である。

(5)　前の文の cut the grass を指している。

(6)　芝は「刈られる」ものなので，受動態〈be動詞＋過去分詞〉にする。

(7)　相手のところに「行く」場合には，come を用いる。

(8)　ジェインは “Gardening and Housework” と書き，値段は「1時間につき10ドル」とした。

(9)　この後の文で「あと1週間働けば，新しい自転車を買うのに十分なお金になるかもしれない」とあるので，「中古」を意味していると分かる。

(10)　重要なことは，後の文の「稼がずに何かを手に入れたら，その本当の価値に気づかない」である。

(11)　父からの5ドルと，ケネディ夫人からの10ドルで合計15ドル持っていた。

(12)　ア「ジェインはガレージで自転車を見つけたとき，とても悲しかった」第1段落第4文参照。悲しそうに自転車を戻したので適切。　イ「ジェインと友だちは，放課後公園に行った」第4段落参照。「私も行きたい」と言っているので不適切。　ウ「ジェインがケネディ夫人からお金を得た後，彼女はもっとお金を稼げると思った」第9段落参照。ポスターを作って50部コピーしたので，お金を稼げると思っているため適切。　エ「ジェインは忙しすぎて宿題ができなかった」第10段落第5文参照。ジェインは宿題をした後で仕事に行ったので不適切。　オ「ジェインは合計3週間働いた」第10段落参照。ジェインは1週間働いたので不適切。

8　**(会話文：語句補充，要旨把握，内容吟味)**

(全訳)　ヤマト：すみません。どこに座ればいい？

マイク：①きみが好きな場所でいいよ。

ヤマト：隣に座ってもいい？

マイク：もちろん。ぼくはマイクです。マイケルジャクソン。はじめまして。

ヤマト：はじめまして。私はヤマトです。

マイク：それはどう書くの？

ヤマト：Y-A-M-A-T-O.
マイク：ヤマト，②出身はどこ？
ヤマト：日本から来ました。先週ここに来たんだ。
マイク：それじゃあきみは本当にここのA新入生だ！
ヤマト：うん。マイケル，それはきみのトランペットなの？
マイク：うん，ぼくはマーチングバンドのメンバーなんだ。これは真新しいんだよ。ぼくはそれを買うために私のallowanceを使い果たしたんだ。
ヤマト：Allow … 何？
マイク：Allowanceだよ。それは「お小遣い」を意味するんだ。ぼくはお小遣いのほとんどを使ったんだ…
ケビン：マイク！やぁ！元気かい？
マイク：③元気だよ。ケビン，きみは髪型を変えたね！それは素敵だよ！
ケビン：ありがとう。気に入っているんだ。
マイク：あぁ，ケビン，ヤマトを紹介しよう。彼は日本出身なんだ。
ケビン：やぁ，ヤマト。
ヤマト：こんにちは，ケビン。
マイク：ヤマト，ケビンはコンピュータのすべてを知っているよ。きみがコンピュータに何か問題があれば，彼は尋ねるべき人なんだ。
ケビン：うん，④ぼくはいつもきみを助けることができてうれしいよ，ヤマト。あぁ，ヘレンが来るね。ヘレン！
ヘレン：ああ，こんにちは，みんな。こんにちは，大和。
ヤマト：こんにちは，ヘレン。ヘレン，それらの棒は何？
ヘレン：ああ，彼らはドラムのための「クイントトムス」だよ。私はマイクと一緒にマーチングバンドをしているんだ。
ヤマト：ク…ク…クイントトムス？それはぼくにとってよく知らないな。
ケビン：大丈夫だよ。ぼくはコンピュータでそれを見せてあげよう。
マイク：ああ，先生がくるよ。よしこの授業の後，私たちは本物を見せよう。今日の午後はマーチングの練習があるんだ。私たちを見に来てください！
ヘレン：いいね。
ヤマト：わかった。⑤そうするよ。それは素晴らしいだろうな！

(1) ①「どこに座るべきか」尋ねた文の答えを選べばよい。 ②「日本出身です」と答えているので，出身地を尋ねる文が適切。 ③ How have you been?「お元気ですか」 ④ マイクに「尋ねるべき人だ」と言われたことを受けてのケビンの発言なので，「ヤマトを助けることができてうれしい」となる。 ⑤「見に来てね」と言われたことに対する答えI'll do that.「そうするよ」が適切。

(2) 先週ここに来たので，「新入生」であるとわかる。

(3) ヤマトは「こんにちは，ヘレン」と名前を呼んでいるので，以前から知っていたとわかる。

(4) 「先生が来たよ」とあるので，教室で話していると判断できる。

(5) ①「マイクはヤマトが日本出身なので，大和のとなりに座りたくなかった」 ヤマトが隣に座ってもいいかと聞かれたときに「もちろん」と答えているので不適切。 ②「ヤマトは長い間ここにいる」 ヤマトは先週来たので不適切。 ③「ケビンは髪型を変えたので，寒く感じている」 ケビンは寒く感じているとは言っていないため不適切。 ④「ケビンはコンピュータを使うのが得意なので，コンピュータについての質問を尋ねられる」 ケビンはマイクから「コンピュータに何か問題があれば，彼は尋ねるべき人」と言われているので適切。

★ワンポイントアドバイス★

基本問題中心の出題であるが問題数が多い。発音や単語に関する問題，文法，読解と様々な内容が問われている。過去問で出題傾向をつかむようにしたい。

＜国語解答＞

第1問 問一 a でんたつ b しんせん c 到来 d 架空 e きょぞう
問二 1 イ 2 ウ 3 オ 4 エ 問三 イ 問四 ア 問五 イ
問六 X ア Y ウ 問七 バーチャルな世界だけに存在するイメージ
問八 仮想現実に 問九 映画や映像作品 問十 ア 問十一 マインドだけ先走る 問十二 エ 問十三 他人の目に留まる(ようになったこと)
問十四 現実感

第2問 問一 a いう b よう c なぐさん 問二 ア 問三 エ 問四 A ア B イ 問五 ア 問六 心ゆく心ち 問七 イ 問八 エ 問九 エ
問十 清少納言

第3問 ① イ ② ア ③ ウ ④ ア ⑤ ア

第4問 ① 慢性 ② 供給 ③ 与党 ④ 単純 ⑤ 黙読

第5問 ① ウ ② オ ③ カ ④ イ ⑤ ア

○配点○

各2点×50 計100点

＜国語解説＞

第1問 (論説文－漢字の読み書き，脱語補充，接続語，対義語，文脈把握，内容吟味，要旨)

問一 a 「伝」を使った熟語はほかに「伝授」「伝承」など。訓読みは「つた(う)」「つた(える)」「つた(わる)」。 b 「鮮」を使った熟語はほかに「鮮明」「生鮮」など。訓読みは「あざ(やか)」。 c 「到」を使った熟語はほかに「到達」「到着」など。訓読みは「いた(る)」。 d 「架」を使った熟語はほかに「高架線」「担架」など。訓読みは「か(かる)」「か(ける)」。 e 「虚」を使った熟語はほかに「虚偽」「虚飾」など。「虚空(こくう)」という読み方もある。訓読みは「むな(しい)」。

問二 1 直前に「『文化の中心』に行くしかなかったのです」とあり，直後で「その文化の中心がニューヨークだったのです」と付け加えているので，累加を表す「そして」が入る。 2 直前に「安全ではありませんでした」とあるのに対し，直後には「それでも私たちは行ったのです」とあるので，逆接を表す「しかし」が入る。 3 後の「～たら」に呼応する語として「もし」が入る。 4 直前に「五感で感じるリアリティーを伝えようとする新たな動きも出ています」とあり，直後で「AKB48の場合……」と具体例を示しているので，例示を表す「例えば」が入る。

問三 「一般」は，ある共通する要素が全体にわたっていること，ふつう，という意味。対義語は，一般の物とは違って区別されることを意味する「特別」。

問四　直後に「そうしないと，もっとも新鮮で勢いのある芸術の情報に出合えなかったし，そこに行けば，才能ある芸術家とも交流できたからです」と理由が述べられているので，イ・ウ・エはあてはまる。アの「才能が開花するチャンス」については述べられていないのであてはまらない。

問五　ここでいう「激変」については，「文化の中心が，ネット上に移行したと私は感じています」「ネットのなかだけで生息するバーチャルな芸術作品も登場するに至りました」「今やネット上だけで生きるアイドルまで現れています」と説明されており，「私は……」で始まる段落に「私は，このバーチャルな世界だけに存在するイメージに関しては，かなり行き過ぎていると警戒しています」「五感がとらえる現実感から離れ，マインドだけが先走ると，……ゲームのようでピンと来ないように思えてしまうのではないか」とある。「警戒」や心配を意味する語が入ると考えられるので，気がかりで不安に思う，という意味の「懸念」が適切。

やや難　問六　前に示されている「ネットのなかだけで生息するバーチャルな芸術作品」「質感も触感も絵の具の匂いも伴わない」という「世界観」を表現しているので，Xには，「嗅覚」と「質感」を除いた「視覚」が入るとわかる。Yには，「視覚」と同様に，バーチャルな世界に存在するものとして「聴覚」が入る。画像と音のイメージだけで構成される「世界観」である。

問七　直前に，「インターネット」との関係について，「五感がとらえる現実感から離れ，マインドだけが先走ると……ピンと来ないのではないか」と懸念が示されており，同様のことは，同段落冒頭に「バーチャルな世界だけに存在するイメージ(19字)」と表現されている。

問八　直前に「最初は，これが遊びだとわかっていても途中から仮想現実にのめり込み，本気で恋愛したり傷ついたりしている」とあるので，「状態」を指す部分として「仮想現実にのめり込み，本気で恋愛したり傷ついたりしている(28字)」を抜き出す。

やや難　問九　直前の「空間や質感，温度感，匂い，湿度，そして空気感」にあてはまらないものである。同段落冒頭に「映画や映像作品など視覚メディアを除き，絵画も彫刻も工芸も実物を目にし，その触覚的な情報や空気感，空間感覚を感じないと，その内実はほとんど伝わってこないと思います」とあるので，あてはまらないものとしては「映画や映像作品(7字)」が適切。

問十　直前の段落に「インターネットでは基本的に視覚情報と音，そして文字情報しか伝わらないのに対し，美術や音楽のみならず，茶道や華道，料理までの多種多様な芸術は，インターネットが一番不得意とする空間や質感，温度感，匂い，湿度そして空気感」とある。視覚情報・音・文字上だけのインターネットでは，美術などの芸術の軸は伝わらないにもかかわらず「すべてわかったような気になってしまっているのは深刻な問題だ」とする文脈なので，アが適切。

やや難　問十一　直前に「バーチャルと現実が入り乱れ」とあり，直後には「デジタルで生み出された虚無の領域にはまり込む」とある。このような状態に陥った心については，「私は……」で始まる段落に「五感がとらえる現実感から離れ，マインドだけ先走る」と表現されているので，「マインドだけ先走る(9字)」が適切。

問十二　直後に「アイドルと握手することによって，ファンたちは相手も血の通った人間であると知ります。バーチャルリアリティーのなかを生きる少年少女たちにとって，虚像であるアイドルが現実に生きて実体を伴う人間だったという体験は，実はとても大きな意味を持つ転換点になりえる」とある。バーチャル世界の虚像を，実体を伴うものとして体験することを指しているので，「実際に食べることができた」とするエが適切。

問十三　「芸術家」については，「インターネットは……」で始まる段落に「『埋もれた芸術家』として，何十年も経って“発掘される”ことがなくなり，作品が良ければ必ず，他人の目に留まるようになりました」と説明されているので，「他人の目に留まる(8字)」を抜き出す。

問十四　「失われつつある」ものについては，直前の段落に「現実感を失っていくこと」とあるので，「現実感(3字)」を抜き出す。

第2問 (古文ー仮名遣い，語句の意味，主語，文脈把握，内容吟味，口語訳，文学史)

〈口語訳〉 珍しいと言うべきことではないけれど，手紙こそやはりすばらしいものではある。はるか遠い国にいる人が，たいへん気がかりで，安否はどうだろうかと思うのに，手紙を見ると，現在差し向っているように感じられるのは，すばらしいことであるよ。自分の思うことを書いて送ってしまうと，あちらまでも行き着かないであろうけれど，満足する気持ちがすることだ。手紙という事が仮にないのだとしたら，どんなに気が晴れず，心が暗くふさがるような気持になることだろうに。いろいろのことを思い続けて，その人のところへ細々と書きおきおおせた時には，気がかりな思いをも晴らす気持ちがするのに，まして返事を見てしまえば，命を延ばすにちがいないようであるのも，なるほどもっともなことであるよ。

問一 a 語頭以外の「はひふへほ」は，現代仮名遣いでは「わいうえを」となるので，「ふ」は「う」に直し，「言う」となり，ひらがなで「いう」とする。 b 「あう(au)」は「おー(o)」と発音するので，「やう(yau)」は「よー(yo)」と発音し，現代仮名遣いでは「よう」と表記する。
c 文末の「む」は「ん」と発音し，現代仮名遣いでは「む」を「ん」に直すので，「なぐさむ」は「なぐさん」となる。

問二 直前に「はるかなる世界に」とある。「はるかなる」は，ずっと遠い，という意味。「世界」には，世間，世の中，地方，などの意味があるので，「はるか遠い国に」とするアが適切。

問三 「いみじ」は，はなはだしい，普通でない，という意味で，良い意味にも悪い意味にも使われる。程度を表す，たいへん，たいそう，という意味なのでエが適切。

問四 A 本文話者は「作者」なので，「文を見れば」の主語は「作者」。 B 直前に「わが思ふ事を書きやりつれば」とあるので，「行き着かざる」の主語は，「わが思ふ事を書」いて遣った「文」。

問五 直前に「ただいまさし向ひたるやうにおぼゆる(現在差し向っているように感じられる)」とあるのでアが適切。

問六 後に「心ゆく心ちこそすれ(9字)」とある。満足する心地がする，という意味である。

問七 「暮れふたがる」は，心が暗くふさがる，という意味なのでイが適切。

問八 「よろづ」は「万」と書き，すべて，万事，という意味があるので，「様々な」とするエが適切。

問九 「ことわり」は「理」と書き，道理，筋道，という意味のほかに，当然だ，もっともだ，という意味がある。

問十 随筆『枕草子』の作者である「清少納言(せいしょうなごん)」は，平安時代中期に中宮定子に仕えた女性で，宮中での生活ぶりや自身の美意識などを書き記した。当時，主に中宮定子や宮中の女性たちに読まれたとされる。

第3問 (送り仮名)

① 「驚」の訓読みは「おどろ(かす)」「おどろ(く)」。 ② 「携」の訓読みは「たずさ(える)」「たずさ(わる)」。 ③ 「著」の訓読みは「あらわ(す)」「いちじる(しい)」。 ④ 「快」の訓読みは「こころよ(い)」。 ⑤ 「試」の訓読みは「こころ(みる)」「ため(す)」。

第4問 (対義語)

① 「急性」は，急に発病し，病状が急激に進行すること。対義語は，急激な変化はないが，長引いてなかなか治らない病状を意味する「慢性」。 ② 「需要」は，物品を求めること。対義語は，要求に応じて物品を与える意味の「供給」。 ③ 「野党」は，議会政治のもとで，現在政権を担当していない政党。対義語は，政権を担当している政党を意味する「与党」。 ④ 「複雑」は，種々

の事情や関係が重なり合い入り組んでいること。対義語は，しくみや形が込み入っていない，という意味の「単純」。　⑤「音読」は，文章を声に出して読むこと。対義語は，声を出さずに読む「黙読」。

第5問 （文学史）

①　本居宣長の作品は，随筆集『玉勝間』のほかに，注釈書の『古事記伝』『源氏物語玉の小櫛』など。　②　鴨長明の作品は，随筆『方丈記』のほかに，仏教説話『発心集』，歌論書『無名抄』など。　③　志賀直哉の作品は『暗夜行路』のほかに『清兵衛と瓢箪』『城の崎にて』『和解』など。④　宮沢賢治の作品は『オツベルと象』のほかに，童話集『注文の多い料理店』，詩集『春と修羅』など。　⑤　安岡章太郎の作品は『ガラスの靴』のほかに『海辺の風景』『流離譚』など。『ヴィヨンの妻』は太宰治，『金色夜叉』尾崎紅葉の作品。

★ワンポイントアドバイス★

問題数が多いので，時間配分を考えててきぱきと解答する練習をしよう！
現代文の読解は，言い換え表現や指示内容をすばやく的確にとらえる練習をしよう！

2021年度

★★★★★★★★★★★★★★★★★★★★★★★

入　試　問　題

2021年度

我孫子二階堂高等学校入試問題

【数　学】（50分）〈満点：100点〉

【注意】 定規，コンパス，分度器および電卓は，使用しないこと。

1　次の(1)～(12)の□の中にあてはまる数，または式を簡単な形で書きなさい。

(1)　$7-3\times(-2)^2=$ □

(2)　$\frac{3}{4}\times(-12)\div(-\frac{3}{5})=$ □

(3)　$(-4x^2+12x)\div(-4x)=$ □

(4)　$\sqrt{48}-\sqrt{27}+2\sqrt{3}=$ □

(5)　$(\sqrt{2}+1)^2-\frac{6}{\sqrt{2}}=$ □

(6)　$48a^2b\div 6ab=$ □

(7)　$(x-1)^2+2(x+3)=$ □

(8)　$5x^2-20y^2$を因数分解すると □

(9)　$a=\frac{x+y}{2}$をxについて解くと □

(10)　一次方程式$\frac{4x-1}{5}=\frac{x-2}{3}$を解くと，$x=$ □

(11)　連立方程式$\begin{cases}2x-7y=9\\3x-2y=5\end{cases}$を解くと，$x=$ □，$y=$ □

(12)　二次方程式$(x-1)(x+2)=2x$を解くと，$x=$ □，$y=$ □

2　次の(1)～(10)に答えなさい。

(1)　$x=\sqrt{5}+2$，$y=\sqrt{5}-2$のとき，x^2+y^2の値を求めなさい。

(2)　xについての二次方程式$x^2-3x-a=0$の解の1つが-1であるとき，
aの値を求めなさい。

(3)　点(3，2)を通り，傾きが-2の直線の式を求めなさい。

(4)　関数$y=\frac{1}{2}x^2$について，xの変域が$-1\leqq x\leqq 2$のとき，yの変域を求めなさい。

(5)　nを自然数とするとき，次の問いに答えなさい。

　（ア）　$3<\sqrt{n}<4$をみたすnの値は何個あるか求めなさい。

　（イ）　$\sqrt{80n}$が整数となるnの値のうち，最も小さいnの値を求めなさい。

(6)　1個のさいころを2回投げるとき，次の問いに答えなさい。

　（ア）　2回とも6の目が出る確率を求めなさい。

　（イ）　出る目の数の和が4以下になる確率を求めなさい。

(7)　A，B間の2地点を行きは時速3 km，帰りは時速2 kmで歩いたら，往復で5時間かかった。A，B間の距離を求めなさい。

(8)　次の図において，$\ell /\!/ m$のとき，$\angle x$の大きさを求めなさい。

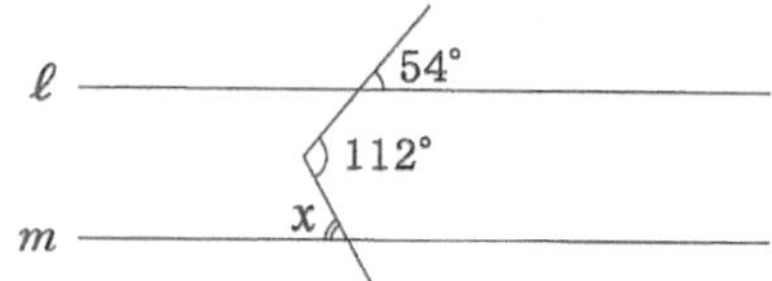

(9)　次の数はある規則にしたがって並んでいる。あてはまるxを答えなさい。

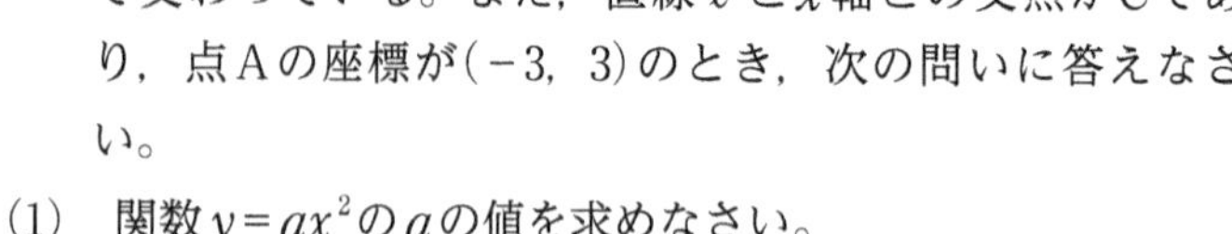

2, 5, 10, 17, 26, x

(10)　次の資料はあるクラスの定期考査の点数である。中央値を求めなさい。

71, 84, 49, 100, 58, 68, 73

3　右図のように，関数$y=ax^2$のグラフと直線ℓが2点A，Bで交わっている。また，直線ℓとx軸との交点がCであり，点Aの座標が$(-3,\ 3)$のとき，次の問いに答えなさい。

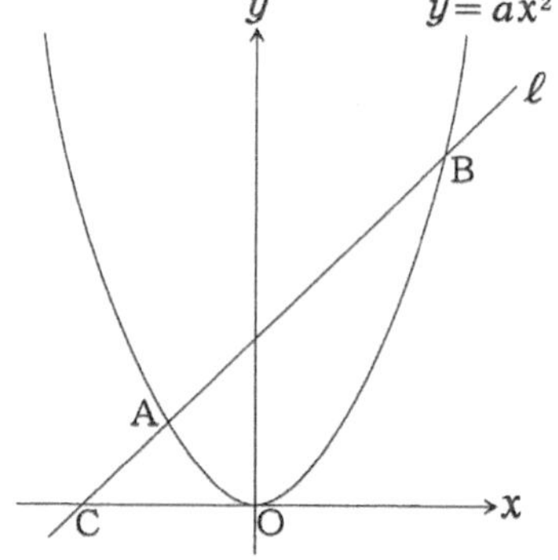

(1)　関数$y=ax^2$のaの値を求めなさい。

(2)　点Cのx座標が-6のとき，直線ℓの式を求めなさい。

(3)　点Bの座標を求めなさい。

4　右図のように，$\angle B=90°$である直角三角形ABCがある。$AC=12$，$CB=6$，$DE=3$のとき，次の問いに答えなさい。ただし，円周率をπとする。

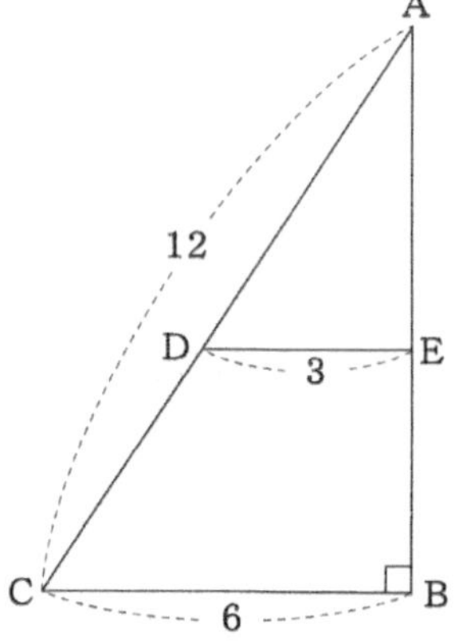

(1)　線分ABの長さを求めなさい。

(2)　四角形BCDEの面積を求めなさい。

(3)　四角形BCDEを辺BEを軸に一回転させてできる立体の体積を求めなさい。

(4)　(3)でできた立体の側面積を求めなさい。

【英　語】（50分）〈満点：100点〉

1

次の各語の下線部の発音が，他の3語と異なるものを1つ選び，記号で答えなさい。

(1) ア great　イ station　ウ said　エ eight

(2) ア something　イ with　ウ through　エ Thursday

(3) ア below　イ know　ウ however　エ window

(4) ア park　イ warm　ウ hard　エ dark

(5) ア looked　イ washed　ウ liked　エ called

2

次の語の最も強く発音する部分を記号で答えなさい。

(1) al-read-y（ア イ ウ）　(2) cal-en-der（ア イ ウ）　(3) vo-lun-teer（ア イ ウ）　(4) fes-ti-val（ア イ ウ）　(5) in-ter-est-ing（ア イ ウ エ）

3

次の定義にあてはまる語を1つ選び，記号で答えなさい。

(1) a book sold weekly or monthly

ア the bible　イ notebook　ウ magazine　エ textbook

(2) a child of your uncle or aunt

ア parent　イ daughter　ウ son　エ cousin

(3) a thin flat round bread, baked with tomato, cheese, vegetables or meat on top

ア noodle　イ pizza　ウ cookie　エ pancake

(4) a game played with a bat and ball between two teams of nine players

ア baseball　イ tennis　ウ football　エ golf

(5) a place where people buy and sell goods in an open area or a large building

ア school　イ station　ウ market　エ hospital

4

次の各組の文がほぼ同じ意味になるように，（　　）内に入る語を1語で答えなさい。

(1) David is younger than John.
John is (　　　) than David.

(2) You must not go to such a dangerous place.
(　　　) go to such a dangerous place.

(3) I like to run in the park.
I like (　　　) in the park.

(4) I know the girl playing the piano.
I know the girl (　　　) is playing the piano.

(5) To get up early is hard.
(　　　) is hard to get up early.

5 次の各文の(　　)内に入れるのに最も適切なものを1つ選び，記号で答えなさい。

(1) The boys under the tree (　　) my friends.
ア have　イ has　ウ is　エ are

(2) Hurry up, (　　) you'll be late for school.
ア but　イ and　ウ or　エ so

(3) He went to the library with (　　) yesterday.
ア we　イ our　ウ us　エ ours

(4) I (　　) to go to university after graduating from high school.
ア hope　イ come　ウ forget　エ take

(5) My father will (　　) me up at the station at five.
ア put　イ pick　ウ bring　エ give

(6) I (　　) a good time in Kyoto last year.
ア had　イ saw　ウ took　エ went

(7) Please (　　) off your shoes when you come into the house.
ア turn　イ take　ウ make　エ carry

(8) Walt Disney is well (　　) all over the world.
ア know　イ knew　ウ known　エ knowing

(9) Paul enjoyed (　　) about rock music with his friends yesterday.
ア talk　イ talked　ウ talking　エ to talk

(10) I have a friend (　　) in Hokkaido.
ア live　イ lives　ウ lived　エ living

(11) It is important for our health (　　) breakfast every day.
ア eat　イ eating　ウ eaten　エ to eat

(12) We had many things (　　) last week.
ア do　イ to do　ウ doing　エ did

(13) I don't know (　　) to use this machine.
ア how　イ what　ウ which　エ that

(14) We have been here in Australia (　　) last month.
ア for　イ at　ウ since　エ within

(15) Ken couldn't hear what Ms. King said, so he asked her to speak a little (　　).
ア faster　イ louder　ウ harder　エ sooner

6 日本文に合うように，[　　]内の語句を並べかえ，その中で3番目にくる語句を記号で答えなさい。

(1) 私はあなたに一緒に行ってほしい。
[ア go　イ to　ウ I　エ you　オ want] with me.

(2) 母はちょうど帰ってきたところです。
[ア come　イ has　ウ my mother　エ home　オ just].

(3) この歌を聞くと私はいつも楽しくなります。
This song [ア always イ happy ウ me エ makes].

(4) 私は兄がいつ東京に行くのか知りません。
I don't know [ア my brother イ go ウ when エ will] to Tokyo.

(5) 私の宿題を手伝ってください。
Please [ア with イ me ウ homework エ help オ my].

7

大学生のユウスケがホームステイをした時のことについて書かれた英文を読み，設問に答えなさい。

Yusuke likes traveling *abroad and he has ever been to the United States, Canada and Australia. When Yusuke was a high school student, he went to Los Angeles to study English. He did a homestay with Mr. and Mrs. Johnson, and their son Max. Yusuke went to school with Max every day. He enjoyed staying with his host family. He liked them very much. But he didn't understand one thing. His host parents asked him again and again,"Are you enjoying staying with us? "

One evening his host mother said to him, "Yusuke, you always go to your room soon after dinner. You don't talk with us much. Are you really enjoying staying with us? We worry about you." Yusuke was very surprised. He didn't know they were worried about him. He went to his room to do his homework after he eats dinner. In Japan, he always did this and his parents didn't worry about him. And there was one more reason. He was a little afraid of making mistakes when he talked with his host parents in English.

That night, Max came to Yusuke and asked, "You look sad. Do you have any problems?" Yusuke answered, "Your parents worry about me because I don't talk with them much. But my English is not good... What should I do?" Max said, "They just want to know you better. You are a member of our family now. Please don't be shy!"

(①), Yusuke tried to talk with his host family every evening. He talked about his school life in Japan, the places he visited before, and so on. They listened to him and tried to understand him. All of them had a good time. Yusuke *realized ②it was important to *spend some time together with his host family. His host parents were very glad, and Yusuke was glad, too. ③Max was interested in Japan so he asked Yusuke a lot of things about it. *Unfortunately Yusuke didn't know the answers to some of his questions. so Yusuke started learning more about (④).

(注) abroad 海外へ / realize(d) わかる / spend (時間)を過ごす / unfortunately 残念ながら

(1) ユウスケが高校生の時に訪れた国を1つ選び，記号で答えなさい。
ア カナダ　イ オーストラリア　ウ アメリカ　エ イギリス

(2) 日本にいる時，ユウスケが夕食後にしていたことを1つ選び，記号で答えなさい。
ア 入浴する　イ 部屋で宿題をする

ウ　友達と遊びに行く　　　エ　家族とおしゃべりする

(3) ユウスケがホストファミリーとあまり話さなかった理由として最も適切なものを1つ選び，記号で答えなさい。

ア　英語に自信がなかったから　　　イ　家族に溶け込めなかったから

ウ　人見知りだから　　　エ　口数が少ないから

(4) 文中の空所①，④に入る最も適切なものをそれぞれ1つ選び，記号で答えなさい。

①　ア　After that　　　イ　Until that　　　ウ　Before that

④　ア　another country　　　イ　a foreign country　　　ウ　his own country

(5) 下線部②のitが指す内容として最も適切なものを1つ選び，記号で答えなさい。

ア　家族と時間を過ごすこと　　　イ　海外に留学すること

ウ　一人で勉強すること　　　エ　英語で話すこと

(6) 下線部③の訳として最も適切なものを1つ選び，記号で答えなさい。

ア　マックスは世界のあらゆる国にとても関心があり，ユウスケとよくその話をした。

イ　マックスは日本に留学したいので，ユウスケが通う大学のことをたくさん聞いた。

ウ　マックスは日本に関心を持っており，ユウスケにたくさんのことを聞いた。

(7) 英文の内容に合うものは○，合わないものは×で答えなさい。

①　大学生のユウスケの趣味は海外旅行である。

②　ユウスケが今までに行ったことのある国は全部で4ヶ国である。

③　ユウスケは海外でホームシックになると，食欲がなくなる。

④　マックスとユウスケがあまり話をしないことをジョンソン夫妻は心配している。

⑤　ホストファミリーはユウスケのことを家族の一員であると思っている。

8　次の会話文を読み，質問の答えとして正しいものを1つ選び，記号で答えなさい。

(1) A：Oh no! The train is going to be late!

B：What time will it get here?

A：At five fifteen. What's the time now?

B：It's ten to five. We'll have to wait another twenty five minutes.

Question：What time is it now?

ア

イ

ウ

(2) A：Excuse me, could you tell me the way to the post office?

B：Yes. Go along this street and turn right. The post office is on your left.

A：Turn right and it's on the left side. Thank you.

B：You're welcome.

Question：Where is the post office?

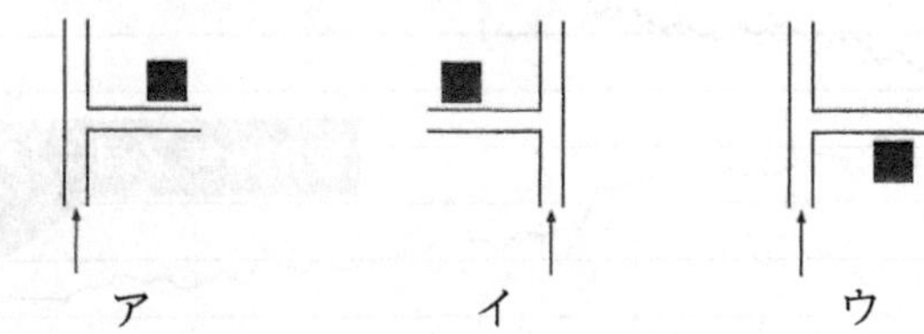

ア　イ　ウ

(3) Andy：Are you going shopping?

Mike：Yes. I need some clothes for Alison's wedding next week.

Andy：Aren't you going to wear your blue suit?

Mike：Yes, but I need a new tie. My white one looks very old, and it doesn't look very good with my suit.

Question：What does Mike want to buy?

ア　イ　ウ

(4) Clerk：Can I help you?

Guest：Yes. I booked a room for two nights-Wednesday and Thursday night. But I'd like to stay for one more night, please.

Clerk：Okay, so you want to stay here on Friday night too?

Guest：Yes.

Clerk：That's fine. I'll arrange that for you.

Question：How long will the guest stay at the hotel in total?

ア　イ　ウ

9 グラフの内容に合うように，(1)～(4)の(　　)内に入る語句を1つ選び，記号で答えなさい。

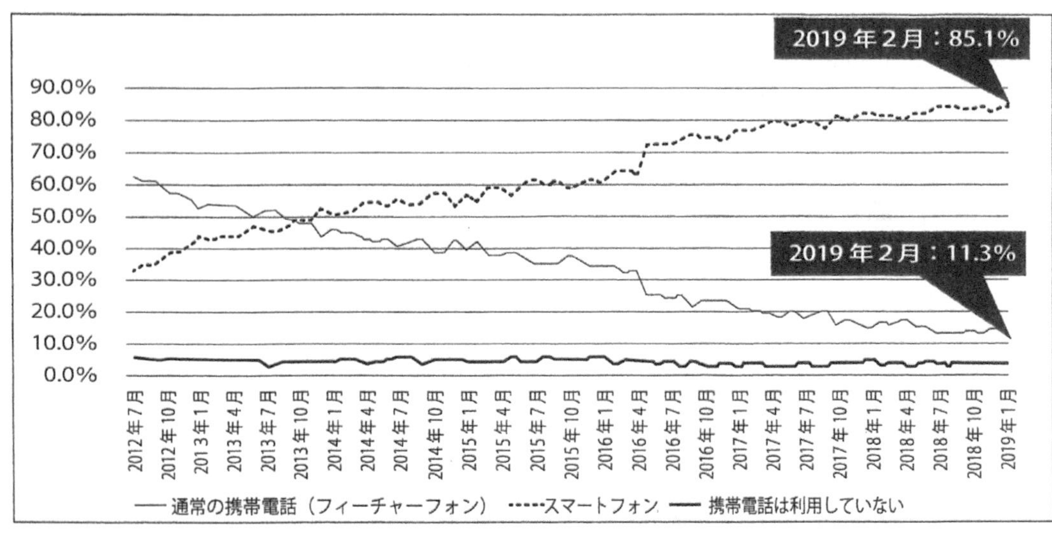

(1) The number of using a smart-phone has been (　　　) little by little.

ア *increasing　　イ *decreasing　　ウ closing　　エ using

(2) The number of using a (　　　) has been decreasing *gradually.

ア smart-phone　　イ feature phone　　ウ silent phone　　エ fixed-line phone

(3) About (　　　) % used a feature phone on July 2014.

ア 20　　イ 30　　ウ 40　　エ 50

(4) About 30% used a smart-phone on (　　　).

ア July 2012　　イ October 2012　　ウ January 2013　　エ April 2013

(注) increase 増加する / decrease 減少する / gradually 徐々に

問五　傍線部④「詣でばや」とあるが、どこに参拝することになったのか、本文中から抜き出して答えなさい。

問六　傍線部⑤「いへば」とあるが、誰が言った言葉か、本文中から抜き出して答えなさい。

問七　傍線部⑥「こぞ」を漢字で表記すると次のどれになるか、最も適当なものを次の中から選び、記号で答えなさい。

ア　今日　　イ　今年　　ウ　来年　　エ　去年

問八　傍線部⑦「詣でたりし」の時期として、話し手はいつが良いと述べているか、本文中から漢字一字で抜き出して答えなさい。

問九　傍線部⑧「心細うていはる」とあるが、「心細」い理由を述べた一文を抜き出し、最初の五字を答えなさい。

第3問　次の①～⑤のカタカナ用語の意味として、最も適当なものを後の語群からそれぞれ選び、記号で答えなさい。

①　ジャンル　　②　オリジナル　　③　ニュアンス
④　ジレンマ　　⑤　メディア

ア　わずかな違い	イ　分野や種類	ウ　独創的
エ　板挟み	オ　媒体	

第4問　次の①～⑤の四字熟語の意味として、最も適当なものを後の選択肢からそれぞれ選び、記号で答えなさい。

①　行雲流水　　②　四面楚歌　　③　五里霧中
④　一長一短　　⑤　温故知新

ア　物事にこだわらずに行動すること。
イ　周りが敵と化し、誰も助けてくれないこと。
ウ　良い所もあれば、悪い所もあるということ。
エ　方針が全くたたないこと。
オ　昔のことを学び、新しい知識や見解を得ること。

第5問　次の①～⑤の傍線部の漢字と送りがなが正しいものを下の選択肢からそれぞれ選び、記号で答えなさい。

①　官位をさずける。
ア　受ける　　イ　預ける　　ウ　授ける　　エ　博ける

②　明日の午後にうかがいます。
ア　伺い　　イ　繕い　　ウ　賢い　　エ　鎹い

③　周囲の人からほどこしを受ける。
ア　施し　　イ　施こし　　ウ　嗣し　　エ　嗣こし

④　発表会をもよおす。
ア　推す　　イ　催す　　ウ　催おす　　エ　際す

⑤　江戸時代からのあきない。
ア　売い　　イ　購い　　ウ　買い　　エ　商い

【国　語】（五〇分）〈満点：一〇〇点〉

第1問　※問題に使用された作品の著作権者が二次使用の許可を出していないため、問題を掲載しておりません。

（出典：『考え方のコツ』松浦弥太郎）

第2問　次の文章を読んで、後の設問に答えなさい。

九月（ながつき）のつごもり（Ⅰ）、いとあはれなる空の気色なり。まして昨日今日、風いと寒く、時雨（しぐれ）うちしつつ、①いみじくものあはれにおぼえたり。遠山をながめやれば、※紺青（こんざう）を塗りたるとかやいふやうにて、「②霰（あられ）振るらし」とも見えたり。「野のさまいかに③をかしからむ、見がてらものに④詣でばや」などいへば、前なる人、「げに（Ⅱ）、いかにめでたからむ。初瀬にも、このたびは忍びたるやうにて思し立てかし」など⑤いへば、「⑥こぞもこころみむとて、いみじげにて⑦詣でたりしに、石山の仏心をまづ見果てて（Ⅲ）、春つかたさもものせむ。そもそもさまでやはなほ憂（う）くて命あらむ」など、⑧心細うていはる。

（『蜻蛉日記　中巻』藤原道綱母）

【注釈】※　紺青　・・・　顔料のこと。

問一　二重傍線部Ⅰ〜Ⅲの意味として最も適当なものを次の中からそれぞれ選び、記号で答えなさい。

Ⅰ「つごもり」

ア　上旬　　イ　中旬　　ウ　末日　　エ　節句

Ⅱ「げに」

ア　いつも　　イ　今日は

ウ　芸術のようで　　エ　本当に

Ⅲ「見果てて」

ア　見直した　　イ　見届けた

ウ　見失った　　エ　見間違えた

問二　傍線部①「いみじくものあはれにおぼえたり」とあるが、作者は何に対してこのように感じているのか、本文中から四字で抜き出して答えなさい。

問三　傍線部②「霰振るらし」とあるが、どこに霰が降ったのか、最も適当なものを次の中から選び、記号で答えなさい。

ア　初瀬　　イ　石山　　ウ　遠山　　エ　遠海

問四　傍線部③「をかしからむ」について、次の各問いに答えなさい。

ⅰ）現代かなづかいに改めて答えなさい。

ⅱ）最も適当な意味を次の中から選び、記号で答えなさい。

ア　興ざめだ　　イ　面白い

ウ　嘆かわしい　　エ　美麗である

2021年度

解 答 と 解 説

《2021年度の配点は解答欄に掲載してあります。》

<数学解答>

1 (1) -5 (2) 15 (3) $x-3$ (4) $3\sqrt{3}$ (5) $3-\sqrt{2}$ (6) $8a$
(7) x^2+7 (8) $5(x+2y)(x-2y)$ (9) $x=2a-y$ (10) $x=-1$
(11) $x=1$, $y=-1$ (12) $x=-1$, $x=2$

2 (1) 18 (2) $a=4$ (3) $y=-2x+8$ (4) $0\leqq y\leqq 2$ (5) (ア) 6個
(イ) $n=5$ (6) (ア) $\dfrac{1}{36}$ (イ) $\dfrac{1}{6}$ (7) 6km (8) $\angle x=58^\circ$
(9) $x=37$ (10) 71

3 (1) $a=\dfrac{1}{3}$ (2) $y=x+6$ (3) $(6, 12)$

4 (1) $6\sqrt{3}$ (2) $\dfrac{27\sqrt{3}}{2}$ (3) $63\sqrt{3}\pi$ (4) 54π

○配点○

1・2 各3点×24 3・4 各4点×7 計100点

<数学解説>

基本 1 (数・式の計算，平方根の計算，因数分解，式の変形，一次方程式，連立方程式，二次方程式)

(1) $7-3\times(-2)^2=7-3\times4=7-12=-5$

(2) $\dfrac{3}{4}\times(-12)\div\left(-\dfrac{3}{5}\right)=\dfrac{3}{4}\times12\times\dfrac{5}{3}=15$

(3) $(-4x^2+12x)\div(-4x)=\dfrac{-4x^2}{-4x}+\dfrac{12x}{-4x}=x-3$

(4) $\sqrt{48}-\sqrt{27}+2\sqrt{3}=4\sqrt{3}-3\sqrt{3}+2\sqrt{3}=(4-3+2)\sqrt{3}=3\sqrt{3}$

(5) $(\sqrt{2}+1)^2-\dfrac{6}{\sqrt{2}}=(\sqrt{2})^2+2\times\sqrt{2}\times1+1^2-\dfrac{6\sqrt{2}}{2}=2+2\sqrt{2}+1-3\sqrt{2}=3-\sqrt{2}$

(6) $48a^2b\div6ab=\dfrac{48a^2b}{6ab}=8a$

(7) $(x-1)^2+2(x+3)=x^2-2x+1+2x+6=x^2+7$

(8) $5x^2-20y^2=5(x^2-4y^2)=5(x+2y)(x-2y)$

(9) $a=\dfrac{x+y}{2}$ $2a=x+y$ $x+y=2a$ $x=2a-y$

(10) $\dfrac{4x-1}{5}=\dfrac{x-2}{3}$ 両辺を15倍して，$3(4x-1)=5(x-2)$ $12x-3=5x-10$ $12x-5x=-10+3$ $7x=-7$ $x=-1$

(11) $2x-7y=9$…① $3x-2y=5$…② ①×3−②×2から，$-17y=17$ $y=-1$ これを①に代入して，$2x-7\times(-1)=9$ $2x=9-7=2$ $x=1$

(12) $(x-1)(x+2)=2x$ $x^2+x-2-2x=0$ $x^2-x-2=0$ $(x+1)(x-2)=0$ $x+1=0$から，$x=-1$ $x-2=0$から，$x=2$

2 (式の値，二次方程式，関数，平方根，確率，距離の問題，角度，規則性，統計)

(1) $x^2+y^2=(x+y)^2-2xy=(\sqrt{5}+2+\sqrt{5}-2)^2-2(\sqrt{5}+2)(\sqrt{5}-2)=(2\sqrt{5})^2-2\{(\sqrt{5})^2-2^2\}=20-2(5-4)=20-2\times1=20-2=18$

(2) $x^2-3x-a=0$に$x=-1$を代入して，$(-1)^2-3\times(-1)-a=0$　$1+3-a=0$　$a=4$

(3) 求める直線を式を$y=-2x+b$として，(3, 2)を代入すると，$2=-2\times3+b$　$b=8$　よって，$y=-2x+8$

(4) $y=\frac{1}{2}x^2$…①　①は$x=0$のとき最小値0をとり，$x=2$のとき最大値をとる。①に$x=2$を代入して，$y=\frac{1}{2}\times2^2=2$　よって，yの変域は，$0\leqq y\leqq2$

(5) (ア) $3<\sqrt{n}<4$から，$9<n<16$　よって，nは，10, 11, 12, 13, 14, 15の6個

(イ) $\sqrt{80n}=4\sqrt{5n}$　よって，$n=5$

(6) 2回のさいころの目の出方は全部で，$6\times6=36$(通り)

(ア) 2回とも6の目が出る場合は1通り　よって，求める確率は，$\frac{1}{36}$

(イ) 出る目の数の和が4以下になる場合は，(1. 1)，(1, 2)，(1, 3)，(2, 1)，(2, 2)，(3, 1)の6通り　よって，求める確率は，$\frac{6}{36}=\frac{1}{6}$

(7) A，B間の距離を$x$kmとすると，時間の関係から，$\frac{x}{3}+\frac{x}{2}=5$　両辺を6倍して，$2x+3x=30$　$5x=30$　$x=6$(km)

(8) 112°の角の頂点を通りℓ，mに平行な直線を引いて考える。平行線の同位角と錯角は等しいことから，$54°+\angle x=112°$　$\angle x=112°-54°=58°$

(9) 2, 5, 10, 17, 26　隣り合う数の差を計算すると，3, 5, 7, 9　差は2ずつ増えているので，$x=26+11=37$

(10) 点数の低い順に並べると，49, 58, 68, 71, 73, 84, 100　中央値は，4番目の71

3 (図形と関数・グラフの融合問題)

基本 (1) $y=ax^2$に点Aの座標を代入して，$3=a\times(-3)^2$　$9a=3$　$a=\frac{3}{9}=\frac{1}{3}$

(2) C(−6, 0)　直線ℓの傾きは，$\frac{3-0}{-3-(-6)}=\frac{3}{3}=1$　直線ℓの式を$y=x+b$として点Cの座標を代入すると，$0=-6+b$　$b=6$　よって，直線ℓの式は，$y=x+6$

(3) $y=\frac{1}{3}x^2$…①　$y=x+6$…②　①と②からyを消去すると，$\frac{1}{3}x^2=x+6$　$x^2=3x+18$　$x^2-3x-18=0$　$(x+3)(x-6)=0$　$x=-3, 6$　$x=6$を②に代入して，$y=6+6=12$　よって，B(6, 12)

4 (平面・空間図形の計量問題−三平方の定理，面積，回転体の体積，側面積)

(1) △ABCにおいて三平方の定理を用いると，$AB=\sqrt{12^2-6^2}=\sqrt{108}=6\sqrt{3}$

(2) AE：AB＝DE：CBから，$AE:6\sqrt{3}=3:6$　$AE=3\sqrt{3}$　(四角形BCDE)＝△ABC−△AED＝$\frac{1}{2}\times6\times6\sqrt{3}-\frac{1}{2}\times3\times3\sqrt{3}=18\sqrt{3}-\frac{9\sqrt{3}}{2}=\frac{36\sqrt{3}-9\sqrt{3}}{2}=\frac{27\sqrt{3}}{2}$

重要 (3) 求める体積は，底面が半径6の円で高さが$6\sqrt{3}$の円すいの体積から，底面が半径3の円で高さが$3\sqrt{3}$の円すいの体積をひいたものになるから，$\frac{1}{3}\times\pi\times6^2\times6\sqrt{3}-\frac{1}{3}\times\pi\times3^2\times3\sqrt{3}=72\sqrt{3}\pi-9\sqrt{3}\pi=63\sqrt{3}\pi$

重要 (4) AD：AC＝1：2から，AD＝$\frac{12}{2}$＝6　円すいの側面積は，π×(底面の円の半径)×(母線の長さ)で求められるから，求める側面積は，$\pi \times 6 \times 12 - \pi \times 3 \times 6 = 72\pi - 18\pi = 54\pi$

★ワンポイントアドバイス★

4 (1)は，AC：BC＝2：1より，△ABCは∠A＝30°の直角三角形だから，AB＝BC×$\sqrt{3}$を使って求めることもできる。

＜英語解答＞

1 (1) ウ (2) イ (3) ウ (4) イ (5) エ
2 (1) イ (2) ア (3) ウ (4) ア (5) ア
3 (1) ウ (2) エ (3) イ (4) ア (5) ウ
4 (1) older (2) Don't (3) running (4) who (5) It
5 (1) エ (2) ウ (3) ウ (4) ア (5) イ (6) ア (7) イ
(8) ウ (9) ウ (10) エ (11) エ (12) イ (13) ア (14) ウ
(15) イ
6 (1) エ (2) オ (3) ウ (4) エ (5) ア
7 (1) ウ (2) イ (3) ア (4) ① ア ④ ウ (5) ア (6) ウ
(7) ① ○ ② × ③ × ④ × ⑤ ○
8 (1) ウ (2) ア (3) イ (4) ウ
9 (1) ア (2) イ (3) ウ (4) ア

○配点○

1～4 各1点×20　5～9 各2点×40　計100点

＜英語解説＞

基本 1 (発音)

(1) ウは[e]，それ以外は[ei]と発音する。
(2) イは[ð]，それ以外は[θ]と発音する。
(3) ウは[au]，それ以外は[ou]と発音する。
(4) イは[ɔːr]，それ以外は[ɑːr]と発音する。
(5) エは[d]，それ以外は[t]と発音する。

基本 2 (アクセント)

(1) 第2音節にアクセントがある。
(2) 第1音節にアクセントがある。日本語とアクセントが異なるので注意が必要である。
(3) 第3音節にアクセントがある。日本語とアクセントが異なるので注意が必要である。
(4) 第1音節にアクセントがある。
(5) 第1音節にアクセントがある。

3 (単語)

(1) 「週刊や月刊で売られる本」＝「雑誌」

(2) 「あなたのおじかおばの子ども」＝「いとこ」
(3) 「上にトマトやチーズ，野菜または肉をのせ焼かれた薄くて平らで丸いパン」＝「ピザ」
(4) 「9人のチーム2つの間で，バットやボールを使ってプレーされる試合」＝「野球」
(5) 「人々が開かれた地域や大きな建物でものを買ったり売ったりする場所」＝「市場」

重要 **4** （書き換え問題：比較，助動詞，動名詞，関係代名詞，不定詞）
(1) young「若い」⇔ old「年取った」
(2) You must not ～ ＝ Don't ～
(3) 不定詞の名詞的用法は，動名詞で書き換えることができる。
(4) 分詞の形容詞的用法は，主格の関係代名詞を用いて書き換えることができる。
(5) 〈It is ～ to…〉「…することは～だ」 It は形式主語である。

重要 **5** （適語選択問題：前置詞，不定詞，熟語，受動態，動名詞，分詞，現在完了，比較）
(1) The boys が主語で，複数形であるため are が適切である。
(2) 〈命令文, or ～〉「…しなさい，さもないと～」
(3) 〈with ＋目的格〉「～といっしょに」
(4) hope to ～「～することを望む」
(5) 〈pick ＋人＋ up〉「人を車で迎えに行く」
(6) have a good time「楽しく過ごす」
(7) take off ～「～を脱ぐ」
(8) well known「よく知られている，有名な」
(9) enjoy は動名詞を目的語にとる動詞である。
(10) living in Hokkaido は前の名詞を修飾する現在分詞の形容詞的用法である。
(11) 〈It is ～ for A to …〉「Aにとって…することは～だ」
(12) to do「するべき」は前の名詞を修飾する不定詞の形容詞的用法である。
(13) how to ～「～する方法」
(14) 〈since ＋過去の語句〉「～以来」
(15) 言ったことが聞き取れなかったので，もう少し大きく(a little louder)話すように頼んだのである。

6 （語句整序問題：不定詞，現在完了，間接疑問文，熟語）
重要 (1) I want you to go (with me.) 〈want ＋人＋ to ～〉「人に～してほしい」
(2) My mother has just come home(.) 〈have just ＋過去分詞〉「ちょうど～したところだ」
(3) (This song) always makes me happy(.) 〈make ＋A＋B〉「AをBにする」
(4) (I don't know) when my brother will go (to Tokyo.) 間接疑問文は〈when ＋主語＋動詞〉の語順になる。
やや難 (5) (Please) help me with my homework(.) 〈help ＋人＋ with ＋物〉「人の物を手伝う」

7 （長文読解問題・物語文：要旨把握，語句補充，指示語，英文和訳，内容吟味）
（全訳） ユウスケは海外旅行が好きで，今までにアメリカ，カナダ，そしてオーストラリアに行ったことがある。ユウスケは高校生の時，英語を勉強するためにロサンゼルスに行った。彼はジョンソン夫妻と息子のマックスの家にホームステイをした。ユウスケは毎日マックスと一緒に学校に行った。彼はホストファミリーとの同居を楽しんだ。彼らをとても気に入った。しかし，彼は一つのことを理解していなかった。彼のホストペアレンツは何度も何度も彼に尋ねた，「あなたは私たちの家に泊まることを楽しんでいますか？」

ある晩，ホストマザーは彼に「ユウスケ，夕食後すぐに部屋に行くのね。あなたは私たちとあまり話をしないわ。あなたは本当に私たちとの同居を楽しんでいますか？　私たちはあなたを心配しているのよ」ユウスケはとても驚いた。彼は彼らが自分のことを心配していることを知らなかった。彼は夕食を食べた後，宿題をするために部屋に行った。日本では，いつもこれをして，両親は彼のことを心配しなかった。そして，もう一つの理由があった。彼は英語でホストペアレンツと話をしたとき，間違えることを少し恐れていたのだ。

その夜，マックスはユウスケのところに来て「悲しそうだね。何か問題があるの？」と尋ねた。ユウスケは「ご両親は僕があまり話さないので，僕のことを心配しています。でも，僕の英語は上手ではないし。どうすればいいのだろう？」マックスは「彼らは君のことをもっとよく知りたいだけだ。君は今，僕たちの家族の一員です。恥ずかしがらないで！」

①その後，ユウスケは毎晩ホストファミリーと話をしようとした。日本での学校生活や，以前訪れた場所などについて話した。彼らは話を聞き，彼を理解しようとした。彼らは皆楽しい時間を過ごした。②ホストファミリーと一緒に時間を過ごすことは大切だとわかった。ホストペアレンツはとても喜び，ユウスケも嬉しかった。③マックスは日本に興味を持っていたので，ユウスケにいろいろなことを聞いた。残念ながら，ユウスケは疑問の答えがわからなかったので，自分の国についてもっと学び始めた。

(1)　ユウスケは英語を学ぶために，ロサンゼルスに行った。

(2)　第2段落第8文参照。夕食後，宿題をするために自分の部屋に行っていた。

(3)　第3段落で「自分の英語が上手ではない」と言っている。

(4)　①　ユウスケはマックスと話してから，ホストファミリーと話そうとした。　④　マックスに日本についてたくさん尋ねられたが，答えがわからなかったため，日本(＝自分自身の国)について，もっと学び始めたのである。

(5)　形式主語の it であるため，不定詞以下の部分を指している。

(6)　be interested in ～「～に興味がある」

(7)　①　第1段落第1文参照。ユウスケは海外旅行が好きであるため適切。　②　第1段落第1文参照。ユウスケが行ったことのある国は，アメリカ，カナダ，オーストラリアであるため不適切。　③　ホームシックや食欲の話は書かれていないため不適切。　④　第2段落参照。ユウスケはホストファミリーと話さないことを心配されているため不適切。　⑤　第3段落参照。マックスが「君は家族の一員だよ」と言っているため適切。

8　(会話文)

やや難　(1)　「今，何時か」 It's ten to five. (5時まで10分＝4時50分です)と答えている。

(2)　「郵便局はどこか」 通りをまっすぐ進み，右に曲がり，左側にあると答えている。

(3)　「マイクは何を買いたいか」 最後の発言で「新しいネクタイが必要だ」と言っている。

(4)　「客は合計でどのくらいホテルに滞在する予定か」 水曜と木曜日の夜の滞在を予約しているが，もう一晩泊まりたいと言っているため，三晩泊まることになる。

基本　9　(資料問題)

(1)　スマートフォンの利用者数は，少しずつ増えていることが分かる。

(2)　利用者数が徐々に減少しているのは「通常の携帯電話」である。

(3)　2014年7月での「通常の携帯電話」の利用者割合は，約40％である。

(4)　スマートフォンの利用者が約30％であったのは，2012年7月である。

★ワンポイントアドバイス★

基本問題が多いが，問題数が非常に多い。語彙に関する問題や文法問題，読解問題など幅広く問われているので，過去問を用いて形式になれるようにしたい。

＜国語解答＞

第1問　問一　a　徒労　b　価値　c　かんじん　d　理屈　e　厳守　f　お
g　ていさい　h　説得　i　柔軟性　j　と　問二　A　イ　B　エ　C　ウ
問三　自分を信用すること　問四　時間　問五　ア　問六　ぎりぎりま
問七　あと少しと　問八　ア　問九　エ　問十　1つ目　ある程度は
2つ目　余裕をもっ　問十一　粘り

第2問　問一　Ⅰ　ウ　Ⅱ　エ　Ⅲ　イ　問二　空の気色　問三　ウ
問四　i　おかしからん　ii　エ　問五　初瀬　問六　前なる人　問七　エ
問八　春　問九　そもそもさ

第3問　①　イ　②　ウ　③　ア　④　エ　⑤　オ

第4問　①　ア　②　イ　③　エ　④　ウ　⑤　オ

第5問　①　ウ　②　ア　③　ア　④　イ　⑤　エ

○配点○

各2点×50　計100点

＜国語解説＞

第1問　（論説文ー漢字の読み書き，脱語補充，接続語，文脈把握，内容吟味，要旨）

問一　a「徒労」は，無駄な骨折り，という意味。「徒」を使った熟語はほかに「徒歩」「徒党」など。訓読みは「いたずら(に)」。　b「価」を使った熟語はほかに「価格」「物価」など。訓読みは「あたい」。　c「肝心」は，いちばん大切なこと，という意味。「肝」を使った熟語はほかに「肝胆」「肝要」など。訓読みは「きも」。　d「理」を使った熟語はほかに「理解」「理路整然」など。　e「厳」を使った熟語はほかに「厳密」「厳重」など。音読みはほかに「ゴン」。熟語は「荘厳」など。訓読みは「おごそ(か)」「きび(しい)」。　f「惜」の訓読みは「お(しい)」「お(しむ)」。音読みは「セキ」。熟語は「惜敗」「惜別」など。　g「体」を「テイ」と読む熟語はほかに「風体」。音読みはほかに「タイ」。訓読みは「からだ」。　h「説」を使った熟語はほかに「説教」「説諭」など。「遊説(ゆうぜい)」という読み方もある。訓読みは「と(く)」。　i「柔」の音読みはほかに「ニュウ」。熟語は「柔和」など。訓読みは「やわ(らか)」「やわ(らかい)」。
j「研ぎすます」は，心の動きを鋭くする，鋭敏にする，という意味。「研」の訓読みは「と(ぐ)」。音読みは「ケン」。熟語は「研修」「研磨」など。

問二　A　直前に「ト労感が忍び寄ってきます」とあるのに対し，直後には「あきらめずに考え続ける」とあるので，逆接を表す「それでも」が入る。　B　直前の「考えて答えを出すカチがある」と，直後の「時間をかけてもいいから考え続けるべき」は順当につながる内容なので，順接を表す「だから」が入る。　C　直前に「とにかく，その問いを大切にし，忘れずにいつも自分で持ち続けること」とあり，直後で「良い問いの条件とは……という点こそあるのです」と説明を付け加えているので，累加を表す「そして」が入る。

やや難 問三　後に「あきらめないとは，自分を信用することでもあります」とあるので，「自分を信用すること(9字)」を抜き出す。

問四　冒頭に「時間を確保すること」とあるので，「時間を(確保しても)」となる。

問五　直後に「その自分自身が見つけた，『なぜ，なに，なんだろう』という点にこそあるのです。……もっといいアイデアがあるはずだと信じて，考え続ける。何日かかろうと，あきらめずに考え続ける。これが肝心です」とあるので，「先生のアドバイスにより無事解決した」とするアはあてはまらない。

問六　この場合の「火事場の馬鹿力」については，この後，「ぎりぎりまであきらめないで考えていると，答えはきちんと出る(29字)」と具体例が示されている。

問七　直前の「あと少しというところであきらめてしまう人(20字)」を指す。

問八　直後に「最後の最後まで考え続けると，仕事の質は変わります……その一分前まで考え続ける粘りが，その企画そのものを高めてくれます」とあるので，アが適切。イの「火事場の馬鹿力」，ウの「逆算」，エの「集中」は，内容と合致しない。

問九　前に「その一分前まで考え続ける粘りが，企画そのものを高めてくれます」とあるので，「早めに出して練り上げた」とするエはあてはまらない。

問十　直前の「ある程度は自分で調整するしかなく……スケジューリングすることも大切です。」「余裕をもって答えを出しておき，……研ぎすましていく。」という二文を指すので，それぞれ「ある程度は」「余裕をもっ」を抜き出す。

やや難 問十一　「考え方のコツ」については，冒頭から二文目に「考えるために絶対的に必要なのは，あきらめないこと」と，筆者の考えが端的に示されており，「あきらめないこと」は，この後で「考え続ける粘り」と言い換えられているので，「粘り」が適切。

第2問　(古文―語句の意味，文脈把握，内容吟味，仮名遣い)

〈口語訳〉　九月の末日，たいそう趣のある空の様子である。さらに昨日，今日と，風がとても強く，時雨が降り，たいそう情趣があると感じられた。遠くの山を眺めると，紺青を塗ったようで，「霰が降ったよう」に見える。「野辺の景色はどんなにすばらしいことでしょう。見物がてらお参りでもしたいわ」などと言うと，前にいる人(侍女)は「本当に，どんなにすばらしいことでしょう。初瀬に，今度はお忍びでそっとお出かけなさいませ」などと言うので，「去年もご利益をためしてみようと，ひどく思い詰めてお参りしたのですが，石山の仏心をまず見届けて，春ごろに，あなたの言うように出かけましょう。それにしてもそれまで，このつらい身が長らえるかしら」などと，心細く言うのであった。

問一　Ⅰ　「つごもり」には，月の下旬，月末，月の最終日，という意味がある。　Ⅱ　「げに」は，前の部分の内容を肯定的に受けて，なるほど(そうだ)，本当に(その通りで)，という意味を表す。　Ⅲ　「見果つ」は，最後まで見る，見届ける，という意味。

やや難 問二　同様の表現として，前に「いとあはれなる空の気色」とあるので，「空の気色」が適切。

問三　直前に「遠山をながめやれば」とあるので，「(遠山に)霰降るらし」とつながる。

問四　ⅰ　助詞以外の「を」は，現代仮名遣いでは「お」になり，文末の「む」は「ん」と発音し，現代仮名遣いでは「ん」となるので，「おかしからん」となる。　ⅱ　「をかし」には，趣がある，風情がある，美しい，魅力的だ，などの意味がある。ここでは「野のさま」を言っているので，エの「美麗である」が適切。

問五　前に「初瀬に」とある。「初瀬」は，奈良県桜井市の長谷寺を指す。

問六　直前の会話文の前に「前なる人」とあるので，発話者は「前なる人」。

問七　「こぞ」は，去年，昨年，昨夜，という意味。

問八　直後に「春つかたさもものせむ」とあるので，「春」が適切。

問九　直前の一文に「そもそもさまでやはなほ憂くて命あらむ。」と，「心細さ」の理由が示されているので，「そもそもさ」を抜き出す。

第3問 （カタカナ用語の意味）

①「ジャンル」は，種類，部門，という意味。特に文芸作品を形態・内容によって区分したもの。②「オリジナル」は，他を真似ない目新しい様子，独創的，という意味。　③「ニュアンス」は，色合い・音の調子・意味・感情などの微妙な趣や違い，という意味。　④「ジレンマ」は，相対する二つの事柄の間にあって，どちらとも決めかねている状態，板ばさみになって苦しんでいる状態，という意味。　⑤「メディア」は，媒体，情報伝達などの手段や方法，という意味。

第4問 （四字熟語）

①「行雲流水(こううんりゅうすい)」は，自然のままによどみなく移りすぎることのたとえで，何事にも執着せずに自然のなりゆきにまかせて行動すること。　②「四面楚歌(しめんそか)」は，まわりすべてが敵や反対者で，孤立した状態のこと。味方や賛同者がひとりもなく，周囲から非難を浴びること。　③「五里霧中(ごりむちゅう)」は，手がかりがつかめず，どのような方針・手段をとっていいか迷うこと。　④「一長一短(いっちょういったん)」は，人も物事も，それぞれに長所も短所も持ち合わせているという意味。　⑤「温故知新(おんこちしん)」は，出典は『論語』で，以前学んだことや，昔の事柄を今また調べ直したり考え直したりして，新たな道理や知識を探り当てること。

第5問 （漢字の送りがな）

①「授ける」は，目上の人が与える，という意味。訓読みはほかに「さず(かる)」。「力を授かる」などと使う。音読みは「ジュ」。熟語は「授業」「授与」など。　②　終止形は「伺う」で，「行く」の謙譲表現。音読みは「シ」。熟語は「伺候」など。　③「施し」は，与えられるもの，という意味。終止形は「ほどこ(す)」。音読みは「シ」「セ」。熟語は「施策」「施術」など。　④「催す」は，計画して実行する，という意味。ほかに，なにかが起ころうとする，また，それを感じる，という意味もある。音読みは「サイ」。熟語は「催促」「開催」など。　⑤「商い」は，品物を売り買いすること，商売，という意味。終止形は「あきな(う)」。音読みは「ショウ」。熟語は「商業」「商談」など。

★ワンポイントアドバイス★

漢字，四字熟語，語句の意味などの知識を充実させ，知識問題で確実に得点できる力をつけよう！　古文は，さまざまな知識が問われるので，幅広い知識の習得を心がけよう！

2020年度

★★★★★★★★★★★★★★★★★★★★★★

入　試　問　題

2020年度

我孫子二階堂高等学校入試問題

【数　学】（40分）〈満点：100点〉

【注意】 定規，コンパス，分度器および電卓は，使用しないこと。

1 次の(1)～(8)の□の中にあてはまる数，または式を簡単な形で書きなさい。

(1) $-5^2+4\times(-1)=$ □

(2) $\frac{4}{3}(2a-b)-\frac{1}{2}(5a-2b)=$ □

(3) $\frac{-3a+2b}{2}+a-b=$ □

(4) 等式 $-2a+3b=-1$ をbについて解くと□

(5) 連立方程式 $\begin{cases} 4x+3y=5 \\ x=\frac{3-y}{2} \end{cases}$ を解くと $x=$ □， $y=$ □

(6) $(\sqrt{2}-\sqrt{3})^2+\frac{12}{\sqrt{6}}=$ □

(7) $(a+b)^2-1$ を因数分解すると□

(8) 2次方程式 $(x+3)(x-3)=5(x-1)$ を解くと $x=$ □

2 次の問いに答えなさい。

(1) 2次方程式 $x^2+x-a=0$ の解の1つが1のとき，aの値を求めなさい。

(2) 下の資料はあるクラスの男子生徒7名が行った上体起こしの回数を記録したものである。中央値を求めなさい。

21	16	25	35	19	18	20

(3) 貯金箱に50円玉がx枚と100円玉がy枚入っている。50円玉と100円玉は合わせて26枚入っており，合計金額が1800円であった。それぞれの硬貨の枚数x，yを求めなさい。

(4) 下図のように，自然数をある規則にしたがって並べていく。このとき，2番目の右上すみにある自然数は4，左下すみにある自然数は6となっている。10番目の左下すみにある自然数を求めなさい。

1番目

1	2
3	5

2番目

1	2	4
3	5	8
6	9	13

3番目

1	2	4	7
3	5	8	12
6	9	13	18
10	14	19	25

3 右図のように，関数$y=x^2$のグラフがある。

点A，Bは放物線上の点であり，点Aのx座標は-2，点Bのx座標は3である。

このとき，次の問いに答えなさい。

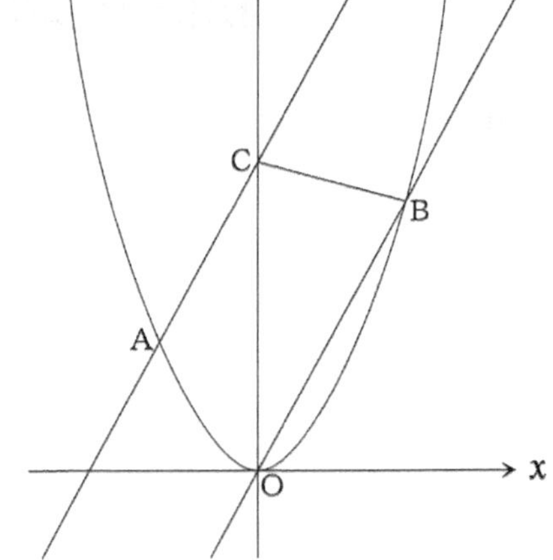

(1) 点Bの座標を求めなさい。

(2) 直線OBの式を求めなさい。

(3) 点Aを通り，直線OBと平行な直線とy軸との交点をCとする。
このとき，△OBCの面積を求めなさい。

(4) △OBCを，y軸を軸として1回転させてできる立体の体積を求めなさい。
ただし，円周率はπとする。

4 右図のように，1辺が6cmの正四面体O－ABCがある。

点Dは辺AB上にある点でAD：DB＝2：1，

点Eは辺AC上にある点でAE：EC＝2：1，

点Mは辺BCの中点とし，

点Hは点Oから線分DE上におろした垂線との交点とする。このとき，次の問いに答えなさい。

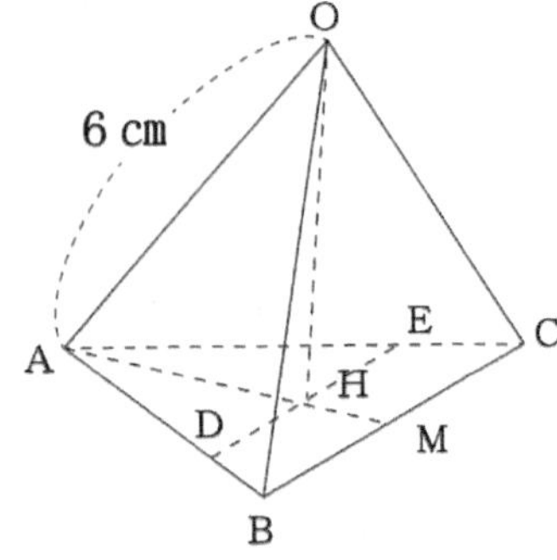

(1) △ABCの面積を求めなさい。

(2) 線分AHの長さを求めなさい。

(3) 線分OHの長さを求めなさい。

(4) 正四面体O－ABCの体積を求めなさい。

【英　語】（40分）〈満点：100点〉

1 次の語を発音するとき，最も強く読む部分を1つ選び，記号で答えなさい。

(1) en-er-gy　ア イ ウ　(2) mu-se-um　ア イ ウ　(3) un-der-stand　ア イ ウ　(4) o-rig-i-nal　ア イ ウ エ　(5) lan-guage　ア イ

2 次の単語の下線部の発音と同じものをア～エの中から1つ選び，記号で答えなさい。

(1) music　ア snow　イ Spanish　ウ test　エ news
(2) nurse　ア heart　イ learn　ウ farm　エ far
(3) brother　ア earth　イ three　ウ weather　エ bath
(4) ship　ア success　イ ocean　ウ scene　エ nose
(5) warm　ア cold　イ war　ウ goal　エ gold

3 次の日本語を英語にしたとき，最も適切なものをア～エから1つ選び，記号で答えなさい。

(1) 右へ曲がる　ア go straight　イ go along　ウ turn right　エ turn left
(2) 地下鉄　ア airport　イ station　ウ subway　エ bus stop
(3) 東　ア east　イ west　ウ north　エ south
(4) 6,000　ア six hundred　イ sixty thousand　ウ sixty hundred　エ six thousand
(5) 2020年　ア twelve twelve　イ twenty thousand twenty　ウ two thousand twelve　エ twenty twenty

4 次の英文の（　　）に入る最も適切な語(句)をア～エから1つ選び，記号で答えなさい。

(1) He hasn't (　　) a letter to his parents since he moved out last summer.
ア write　イ writes　ウ wrote　エ written

(2) The camera was very (　　), so Ken could not buy it.
ア cheap　イ expensive　ウ surprising　エ useful

(3) Tom is the (　　) player in his school judo team.
ア strongest　イ strong　ウ more strong　エ stronger

(4) My mother gave me a new camera (　　) was really easy to use.
ア who　イ how　ウ which　エ why

(5) John went to Nara and (　　) famous temples.
ア visited　イ met　ウ took　エ had

5 AとBの関係とCとDの関係が同じになるように空欄を埋めなさい。

	A	B	C	D
(1)	one	first	two	(　　)
(2)	Japan	Japanese	(　　)	Chinese
(3)	shop	shops	tomato	(　　)
(4)	summer	season	August	(　　)
(5)	fruit	banana	(　　)	lion

6 日本文に合うように【　】内の語句を並べかえたとき，3番目と5番目にくる語を答えなさい。
ただし，文頭にくる語も小文字で記してある。

(1) あなたは何時に寝ますか?

【 do / bed / to / what / you / go / time 】?

(2) 机の上には本が何冊かあります。

【 on / are / books / the / there / desk / some 】.

(3) 彼は青よりも赤のほうが好きです。

【 blue / red / he / than / likes / better 】.

(4) あなたは今までに飛行機に乗ったことがありますか?

【 ever / on / you / a plane / got / have 】?

(5) 何か食べ物を私にくれませんか?

【 something / give / will / me / to / you / eat 】?

7 次の対話文において，[　　]の中に入る最も適切なものをア～エから1つ選び，記号で答えなさい。

(1) A：Excuse me, where's ABC store?

B：[　　　　　　]

ア I'll give you one minute.　　イ It's my shoes.

ウ It's on the third floor.　　エ It's one-third.

(2) A：[　　　　　　]

B：I'm sorry, but you can use only cash in this shop.

ア Can you show me your wallet?　　イ How much is it?

ウ How's it going?　　エ Can I use a credit card here?

(3) A：[　　　　　　]

B：I work for ABC Company.

ア Can I say just something?　　イ What do you do?

ウ Will you marry me?　　エ Do you have any questions?

(4) A：Have you ever been to Kumamoto?

B：[　　　　　　]

ア That's right.　　イ No, I won't.

ウ Yes, I am.　　エ No, I haven't.

(5) A：Whose bag is this?

B：[　　　　　　　　]

ア He will use it.　　イ Under the table.

ウ It's mine.　　エ On the wall.

8 次の掲示を読み，あとの問いに答えなさい。

*Admission fee	
	Standard fee
Adult/High school student	300 yen
Elementary/Junior high school student	100 yen
Age 6 and under	Free
OPEN - CLOSE	
Summer time	9:00-19:00
Winter time	9:00-17:00
Closed days	
Every Monday	Christmas
Attention please! Read before you enter.	
Don't *feed our animals.	
Don't *tap windows.	
Don't *throw away your garbage.	

*Admission fee 入園料　feed えさを与える　tap 叩く　throw away 捨てる

(1) How much is the admission fee when two adults and three junior high school students enter the zoo?

ア 900 yen　　イ 680 yen

ウ 840 yen　　エ 620 yen

(2) How much is the admission fee when a five-year-old boy and a six-year-old girl enter the zoo?

ア 300 yen　　イ 200 yen

ウ 100 yen　　エ 0 yen

(3) When is the zoo closed?

ア Every Sunday　　イ Summer vacation

ウ Christmas　　エ Valentine's Day

(4) What time is the zoo closed in winter?

ア 19：00　　イ 18：00

ウ 17：00　　エ 16：00

(5) What is one thing which you mustn't do in the zoo?

ア Eating snacks.　　イ Drinking soda.

ウ Throwing away garbage.　　エ Touching animals.

9 次の文章は，日本で学んでいる留学生Mikeが，オーストラリアの友達に送った手紙です。読んで，あとの問いに答えなさい。

I came to Chiba three weeks ago. My school in Japan is wonderful! I can't speak Japanese well yet, but I've made (A) with many students at this school. A lot of things about Japanese school life are new to me.

For example, an interesting thing *happened at lunch time on my first day at this school. After the fourth class finished, my *classmates started to eat lunch in our classroom! And they put their lunch boxes on their own desks! I couldn't *believe it. So, I asked my friend, Satomi, "Aren't your desks for studying?" She looked a little surprised and answered, "Of course they are. But we use them when we eat lunch, too."

Another interesting one happened after school that day. After we finished our class, some students began to clean the classroom. That also made me (B). Because our school in Australia has *cleaning staff, students and teachers [①] clean. The next day, I cleaned my classroom with my classmates for the first time. After cleaning with them, I felt good. I think that it's good for students to clean the places that they use.

*Lastly, we have our school trip for a week next month. You may be interested in this because our school in Australia doesn't have such a long trip. I'm very happy (C) I will go to Kyoto, Osaka and other places in Japan. Now my classmates and I often talk about our school trip. I want to see some famous places and old Japanese buildings in Kyoto. It is fun to plan what places we will visit.

I sometimes feel that there are many *differences between Japan and Australia. So, my life in Japan is very exciting every day. I will tell you about my school trip next time.

*happen 起こる　classmate(s) 同級生　believe を信じる
cleaning staff 清掃を行う人たち　lastly 最後に　difference(s) 違い

(1) (A)～(C)に入る最も適切な語をア～エから1つ選び，記号で答えなさい。

(A) ア teachers　イ students　ウ friends　エ families

(B) ア tired　イ sad　ウ surprised　エ angry

(C) ア after　イ because　ウ so　エ until

(2) [①]に入る最も適切な語をア～ウから1つ選び，記号で答えなさい。

ア are able to　イ don't have to　ウ must not

(3) 次の質問に対する答えとして最も適切なものをア～ウから1つ選び，記号で答えなさい。

① How long has Mike lived in Chiba?

ア For three days.
イ For three weeks.
ウ For three months.

② After cleaning with his classmates, how did Mike feel?

ア He felt good.
イ He felt tired.
ウ He felt afraid.

③ What is Mike interested in about Kyoto?

ア He is interested in the traditional food.

イ He is interested in the famous places and old buildings.

ウ He is interested in kimono and the language they speak.

(4) 文章の内容に合っているものを次から3つ選び，記号で答えなさい。

ア Mikeは，すでに日本語を上手に話すことができる。

イ Mikeは，クラスメイトが教室の机で昼食をとるのを見て驚いた。

ウ 教室を生徒が掃除するのは日本もオーストラリアも一緒だ。

エ Mikeは来月，5日間の修学旅行に参加する。

オ Mikeは時々，日本とオーストラリアには多くの違いがあると感じる。

カ Mikeは，修学旅行後またこの友人に手紙を送るつもりだ。

問七　傍線部Ｄ「これを恐れず」とあるが何を「恐れ」ないのか。本文中から三字で抜き出して答えなさい。

問八　この文章全体を通して、「おろかなる人」とはどのような人だと作者は述べているか。次より適当なものを三つ選び、記号で答えなさい。

ア　老いと死を悲しむ人。
イ　なまけてばかりで、何事かを期待している人。
ウ　蟻のように集まって行き急ぐ人。
エ　不滅であることを願い、変化の道理を知らない人。
オ　やたらに長寿を願い、利益ばかり求める人。

第三問　次の①～⑥の四字熟語の空欄にあてはまるものを後のア～クよりそれぞれ選び、記号で答えなさい。

①□□投合　②□□一会　③□□回生
④以心□□　⑤□□琢磨　⑥温故□□

ア　一期	イ　切磋	ウ　知新	エ　伝心
オ　意気	カ　起死	キ　疑心	ク　勧善

第四問　次の①～⑥と似た意味のことわざを後のア～カよりそれぞれ選び、記号で答えなさい。

①　糠(ぬか)に釘(くぎ)　②　石橋をたたいて渡る
③　泣きっ面に蜂　④　藪(やぶ)から棒
⑤　猫に小判　⑥　河童(かっぱ)の川流れ

ア　弘法(こうぼう)にも筆の誤り	イ　寝耳に水
ウ　のれんに腕押し	エ　馬の耳に念仏
オ　転ばぬ先の杖(つえ)	カ　弱り目にたたり目

第五問　次の①～③のア～ウに共通する体に関する漢字一字をそれぞれ答えなさい。

①
ア　□を貸す
イ　□が焼ける
ウ　□がふさがる

②
ア　□を挟む
イ　□が堅い
ウ　□をそろえる

③
ア　□を洗う
イ　□を引っ張る
ウ　□が遠のく

問十　傍線部⑧「書きことば」とあるが、本文中で反対となる内容の言葉を二字で抜き出して答えなさい。

問十一　次の一文はどの段落の後に加えるべきか、本文中の段落番号1～10より、算用数字で答えなさい。

だから、ここでいうのは「母語」であって、「母国語」ではない。

問十二　本文で筆者が言いたいことはなにか。最も適当なものを次の中から選び、記号で答えなさい。

ア　日本語は、世界的にみても難しいことばであり、理解に苦しむということ。

イ　日本語は、たいていの日本人にとって、どこかの方言であるということ。

ウ　母国語は、国によって判断の基準が変わるため、母語にしたほうが良いということ。

エ　日本語は、日本人にとっては母語となるので、大切にしたほうが良いということ。

第二問　次の文章を読んで、後の設問に答えなさい。

蟻(あり)のごとくに集まりて、東西に急ぎ、南北に走る。高きあり、賤(いや)しきあり。老いたるあり、若きあり。行く所あり、帰る家あり。夕に寝ねて朝に起く。いとなむ所何事ぞや。生をむさぼり、利を求めてやむ時なし。

身を養ひて何事をか待つ。期する処、ただ老(おい)いと死とにあり。その来る事速かにして、念々の間にとどまらず。是を待つ間、何の楽しびかあらん。まどへる者はこれを恐れず。名利(みょうり)におぼれて先途(せんど)の近き事を顧みねばなり。おろかなる人は、またこれを悲しぶ。常住(じょうじゅう)ならんことを思ひて、変化の理を知らねばなり。

（『徒然草』第七十四段）

【語注】・いとなむ…忙しく動作する。いそしむ。　・生をむさぼり…長寿をむやみに願う。
・期する…期待する。　・念々…瞬間瞬間。
・まどへる…迷う。　・先途…到着点。　・常住…永久に存在すること。
・理…道理。　※漢字の読みがなは、すべて現代かなづかいである。

問一　二重傍線部①「むさぼり」③「おろか」を漢字にあらためなさい。

問二　二重傍線部②「処」④「理」の読みをひらがなにあらためなさい。

問三　波線部ア「養ひ」イ「まどへる」を現代かなづかいのひらがなにあらためなさい。

問四　傍線部A「老いたるあり、若きあり」の部分の修辞法を何というか。次よりあてはまるものを選び記号で答えなさい。

ア　倒置法　　イ　体言止め　　ウ　対句法
エ　比喩法　　オ　反復法

問五　傍線部B「寝ね」の反対語を本文中から抜き出して答えなさい。

問六　傍線部C「念々の間にとどまらず」の現代語訳として最も適当なものを次の中から選び、記号で答えなさい。

ア　一瞬の間も休止することがない。

イ　時間の流れが縮まることはない。

ウ　年を追うごとにその差は開く。

エ　年月の流れは年を経るごとに速まっていく。

域のことば、すなわち東京方言であって、それ以外のものではありえない。

9 しかし、いろんな人とつきあってきて、確かに地域性のほとんどないような人もいる。小学校卒業ぐらいまでの「言語形成期」と言われるキカンを、日本と外国を行ったり来たりして育ったような人、日本のなかでも両親とともに各地を転々と移り住んだ人、さらに、外部と交渉の少ないトクシュな家庭環境で育った人、本人の人嫌いから遊び友だちがほとんどなかった人などがそうである。こういう人の日本語は、⑧書きことばに近い。いわば本を読んでいるのと変らない日本語である。

10 もちろん、こういう人たちの存在も無視できないと思うので、「日本人にとって、母語はどこかの方言である」という言い方に修正を加えておいたほうがいい。「たいていの日本人にとって」または「多くの日本人にとって」のように。

（『日本語はおもしろい』柴田武著）

問一 二重傍線部A～Fのカタカナは漢字に、漢字はその読みをひらがなにあらためて答えなさい。

問二 空欄Ⅰ～Ⅳに入る言葉として最も適当なものを次の中からそれぞれ選び、記号で答えなさい。

ア あるいは　イ やはり
ウ だから　エ ところで

問三 傍線部①「グループ」の本文中での意味として最も適当なものを次の中から選び、記号で答えなさい。

ア 集中　イ 収集
ウ 集団　エ 収束

問四 傍線部②「普通」⑤「単純」の反対語として、最も適当なものを次の中からそれぞれ選び、記号で答えなさい。

ア 特別　イ 増殖
ウ 困難　エ 複雑

問五 傍線部③「いろいろ不都合なことがある」とあるが、筆者は「不都合なこと」により、どのようなことが起こると述べているか。本文中から十二字で抜き出して答えなさい。

問六 傍線部④「韓国語を母国語、日本語は外国語」とするのに対し「不平等」を感じるのはなぜか。その説明として最も適当なものを次の中から選び、記号で答えなさい。

ア 韓国語を外国語、日本語も外国語とするべきだから。
イ 韓国語を母国語、日本語は外国語とするべきだから。
ウ 韓国語を外国語、日本語は母国語とするべきだから。
エ 韓国語を母国語、日本語も母国語とするべきだから。

問七 空欄X・Yに入る言葉として、最も適当なものを次の中からそれぞれ選び、記号で答えなさい。

ア 外国語　イ 母語
ウ 言語　エ 母国語

問八 傍線部⑥「母語」と同じ意味で使われている言葉を、本文中から十二字で抜き出して答えなさい。

問九 傍線部⑦「運命的存在」とあるが、どのような点において「運命的」なのか、その理由となる内容を本文中から十八字で抜き出し、最初の五字を答えなさい。

【国語】〈四〇分〉〈満点：一〇〇点〉

第一問　次の文章を読んで、後の設問に答えなさい。

1　生まれて最初におぼえることば、そして、あるＡキカンそれで育つことばを母語という。［Ⅰ］、ほとんどすべての日本人にとって、母語は日本語である。しかも、その日本語は、どこか、ある地域のことば、すなわち方言である。

2　「母語」ということばは、母校、母港、母船、航空母艦、母型のような「母」で始まることばと①グループをつくっている。これらの語から抜き出せる「母」の意味は、「そこから出た元の」ということである。そして、そこはいつかは返りたい、［Ⅱ］、返っていくべきところである。

3　母語は、もともとmother tongueという英語の訳である。motherは「母」、tongueは「言語」に当たるから、「母・語」はとてもいいＢ訳語だと思うのに、いままでは「母国語」と言うことが②普通だった。

4　「母国語」が「母国・語」のように切れて、「母国のことば」の意味だとすると、「母国語」といっては③実際にいろいろ不都合なことがある。在日韓国人で韓国語はあとで習ったことばで、生まれて最初におぼえたことばは日本語、しかも日本人の学校を出た学生にとって、「母国語」はどちらの言語ということになるのか。大学院の試験を受けるのに、「母国語以外の外国語二か国語を受験すること」のような規定があるとき、こういう人は自分のＣフタンを軽くしようと、④韓国語を母国語、日本語は外国語として、実質上外国語は一つだけ受験すれば足りるというようなケースが生じたことがある。受験に際して不平等なことがないように、「母国語」の名称を「母語」に変更することを主張して通ったことがある。

5　もっと単純な例は、アメリカで生まれ、アメリカで育った日本人にとって、英語が「母語」の場合である。これを⑤単純に「母国語」と言うとおかしい。「母国語」は日本語だからである。

6　日本語は日本国にいる九五％以上の人の使用言語であり、日本国では九五％以上の人が日本語を使っているという意味で、日本国は「単一言語国家」であると言うことができる。こういう国では、言語と国家がいわば合同関係にあるので、言語を国を単位にして分類しがちになる。「［Ｘ］」ではなく「［Ｙ］」と言ってきたのにはそういう事情がある。言語と国家が合同関係にある例は世界で稀であるから、国際化の時代に「母国語」という「国」のついた名称は不適当である。

7　［Ⅲ］、「母語」のもとの英語にmother「母親」ということばが入っているが、ことがらとして⑥母親と母語とはよく似たところがある。どちらも自分では選べなかったという点である。だれも、この母親から生まれたいと決めて生まれてきたわけではないように、この言語、この方言とあらかじめ選んだ上で生まれてきたのではない。言うならば、母親も母語も、⑦運命的存在であり、かけがえのない貴重なものである。これからＤ類推して、母語、母校、母港……の「母」は、「母親のような」の意ととらえることもできる。

8　日本人にとって母語は日本語であり、しかも、どこかの方言だと述べたが、自分の母語は日本語ではあるが、方言ではないと言い張る人がいそうである。特に東京で生まれ育った人にありそうである。しかし、東京で生まれ育った人々にとって、母語は、［Ⅳ］東京という地

大切なことはメモしておこうネ！

2020年度

解 答 と 解 説

《2020年度の配点は解答欄に掲載してあります。》

＜数学解答＞

1 (1) -29 (2) $\frac{1}{6}a-\frac{1}{3}b$ (3) $-\frac{1}{2}a$ (4) $b=\frac{2a-1}{3}$ (5) $x=2,\ y=-1$

(6) 5 (7) $(a+b+1)(a+b-1)$ (8) $x=\frac{5\pm\sqrt{41}}{2}$

2 (1) $a=2$ (2) 20 (3) $x=16,\ y=10$ (4) 66

3 (1) (3, 9) (2) $y=3x$ (3) 15 (4) 30π

4 (1) $9\sqrt{3}\ \text{cm}^2$ (2) $2\sqrt{3}$ cm (3) $2\sqrt{6}$ cm (4) $18\sqrt{2}\ \text{cm}^3$

○配点○

各5点×20　計100点

＜数学解説＞

基本 1 (数・式の計算，式の変形，連立方程式，平方根の計算，因数分解，2次方程式)

(1) $-5^2+4\times(-1)=-25-4=-29$

(2) $\frac{4}{3}(2a-b)-\frac{1}{2}(5a-2b)=\frac{8}{3}a-\frac{4}{3}b-\frac{5}{2}a+b=\left(\frac{8}{3}-\frac{5}{2}\right)a+\left(-\frac{4}{3}+1\right)b=\left(\frac{16}{6}-\frac{15}{6}\right)a+\left(-\frac{4}{3}+\frac{3}{3}\right)b=\frac{1}{6}a-\frac{1}{3}b$

(3) $\frac{-3a+2b}{2}+a-b=-\frac{3}{2}a+b+a-b=-\frac{1}{2}a$

(4) $-2a+3b=-1$　$3b=2a-1$　$b=\frac{2a-1}{3}$

(5) $4x+3y=5\cdots①$　$x=\frac{3-y}{2}$　$2x=3-y$　$2x+y=3\cdots②$　①－②×2から，$y=-1$
これを②に代入して，$2x+(-1)=3$　$2x=4$　$x=2$

(6) $(\sqrt{2}-\sqrt{3})^2+\frac{12}{\sqrt{6}}=2-2\sqrt{6}+3+\frac{12\sqrt{6}}{6}=5-2\sqrt{6}+2\sqrt{6}=5$

(7) $(a+b)^2-1=(a+b)^2-1^2=(a+b+1)(a+b-1)$

(8) $(x+3)(x-3)=5(x-1)$　$x^2-9-5x+5=0$　$x^2-5x-4=0$　2次方程式の解の公式から，
$x=\frac{5\pm\sqrt{5^2-4\times1\times(-4)}}{2\times1}=\frac{5\pm\sqrt{41}}{2}$

2 (2次方程式，統計，連立方程式の応用問題，規則性)

基本 (1) $x^2+x-a=0$に$x=1$を代入すると，$1^2+1-a=0$　$a=2$

基本 (2) 回数が少ない順に並べると，16，18，19，20，21，25，35　中央値は4番目の回数だから，20

(3) 枚数の関係から，$x+y=26\cdots①$　金額の関係から，$50x+100y=1800\cdots②$　①×100－②から，$50x=800$　$x=16$　これを①に代入して，$16+y=26$　$y=10$

重要 (4) 左下すみの自然数は，3，6，10，…と並んでいるので，10番目の左下すみにある自然数は，

$3+3+4+5+6+7+8+9+10+11=66$

3 (図形と関数・グラフの融合問題)

基本 (1) $y=x^2$…① ①に$x=3$を代入して，$y=3^2=9$ よって，B(3, 9)

基本 (2) $y=ax$に点Bの座標を代入して，$9=a\times3$ $3a=9$ $a=3$ よって，直線OBの式は，$y=3x$

(3) ①に$x=-2$を代入して，$y=(-2)^2=4$ よって，A(−2, 4) $y=3x+b$に点Aの座標を代入すると，$4=3\times(-2)+b$ $b=4+6=10$ よって，直線ACの式は，$y=3x+10$ C(0, 10) したがって，$\triangle OBC=\frac{1}{2}\times10\times3=15$

重要 (4) 立体は，底面が共通である2つの円錐の底面を重ねた形になるので，求める体積は，$\frac{1}{3}\times\pi\times3^2\times10=30\pi$

4 (空間図形の計量問題ー面積，平行線と線分の比の定理，体積)

(1) △ABCは1辺が6cmの正三角形だから，$AM=6\times\frac{\sqrt{3}}{2}=3\sqrt{3}$ $\triangle ABC=\frac{1}{2}\times BC\times AM=\frac{1}{2}\times6\times3\sqrt{3}=9\sqrt{3}$ (cm²)

(2) AD：DB＝AE：ECから，DE//BC 平行線と線分の比の定理から，AH：HM＝AD：DB＝2：1 よって，$AH=\frac{2}{3}AM=\frac{2}{3}\times3\sqrt{3}=2\sqrt{3}$ (cm)

(3) △OAHにおいて三平方の定理を用いると，$OH=\sqrt{OA^2-AH^2}=\sqrt{6^2-(2\sqrt{3})^2}=\sqrt{36-12}=\sqrt{24}=2\sqrt{6}$ (cm)

(4) (正四面体O−ABC)$=\frac{1}{3}\times9\sqrt{3}\times2\sqrt{6}=6\sqrt{18}=6\times3\sqrt{2}=18\sqrt{2}$ (cm³)

★ワンポイントアドバイス★

4は，正四面体の体積を求める手順である。しっかり，把握しておこう。

<英語解答>

1 (1) ア (2) イ (3) ウ (4) イ (5) ア

2 (1) エ (2) イ (3) ウ (4) イ (5) イ

3 (1) ウ (2) ウ (3) ア (4) エ (5) エ

4 (1) エ (2) イ (3) ア (4) ウ (5) ア

5 (1) second (2) China (3) tomatoes (4) month (5) animal

6 (1) 3番目 do 5番目 go (2) 3番目 some 5番目 on
(3) 3番目 red 5番目 than (4) 3番目 ever 5番目 on
(5) 3番目 give 5番目 something

7 (1) ウ (2) エ (3) イ (4) エ (5) ウ

8 (1) ア (2) エ (3) ウ (4) ウ (5) ウ

9 (1) A ウ B ウ C イ (2) イ (3) ① イ ② ア ③ イ

(4) イ，オ，カ

○配点○

各2点×50(⑥各完答)　　計100点

＜英語解説＞

1 (アクセント)

(1) [énədʒi]　(2) [mju(ː)zí(ː)əm]　(3) [ʌndərstǽnd]　(4) [ərídʒənl]
(5) [lǽŋgwidʒ]

2 (発音)

(1) 見出し語とエは [z]。他は [s]。　(2) 見出し語とイは [əːr]。他は [ɑːr]。
(3) 見出し語とウは [ð]。他は [θ]。　(4) 見出し語とイは [ʃ]。アウは [s]，エは [z]。
(5) 見出し語とイは [ɔːr]。他は [ou]。

基本 **3** (単語)

(1) turn「曲がる」 right「右へ」 (2) subway「地下鉄」 (3) east「東」 west「西」 south「南」 north「北」 (4) 6,000は6つの1,000として six thousand とする。 (5) 西暦は二けたずつ区切って読むので twenty twenty となる。または two thousand twenty とする。

基本 **4** (語句補充・選択：現在完了，比較，関係代名詞)

(1) 「彼は去年の夏に家を出てから両親に手紙を書いていない」 現在完了の否定文。
(2) 「そのカメラは非常に高価だったのでケンは買えなかった」 expensive「値段が高い」
(3) 「トムは学校の柔道部で最も強い選手だ」〈the ＋最上級＋ in ～〉「～で最も…」
(4) 「母は私にとても使いやすい新しいカメラをくれた」 which は主格の関係代名詞。
(5) 「ジョンは奈良に行き，有名なお寺を訪問した」 visit「～を訪問する，訪ねる」

5 (語彙)

(1) 数詞と序数詞の関係。two「2」 second「2番目」 (2) 国名と形容詞の関係。China「中国」 Chinese「中国の，中国人」 (3) 名詞の単数形と複数形。-o で終わる名詞には -es をつけて複数形にする。 (4)「夏」:「季節」＝「8月」:「月」 month「月」 (5)「果物」:「バナナ」＝「動物」:「ライオン」 総称と具体例の関係。

重要 **6** (語句整序：疑問詞，熟語，構文，比較，現在完了，助動詞，不定詞)

(1) What time <u>do</u> you <u>go</u> to bed? What time ～?「何時に」 go to bed「寝る」 (2) There are <u>some</u> books <u>on</u> the desk. 〈There are ＋複数名詞〉「～がある，いる」 some ～「いくつかの～」 (3) He likes <u>red</u> better <u>than</u> blue. like A better than B「BよりAが好き」 (4) Have you <u>ever</u> got <u>on</u> a plane? 〈Have you ever ＋過去分詞？〉「今までに～したことがありますか」 (5) Will you <u>give</u> me <u>something</u> to eat? Will you ～?「～してくれませんか」〈give ＋人＋物〉「(人)に(物)をあげる」 something to eat「何か食べ物」

7 (対話文完成)

(1) A：すみません，ABCストアはどこですか。／B：3階にあります。
(2) A：ここではクレジットカードが使えますか。／B：申し訳ございませんが，当店では現金のみご利用になれます。
(3) A：ご職業は何ですか。／B：ABC社で働いています。 What do you do? は職業を尋ねる言い方。
(4) A：熊本へ行ったことがありますか。／B：いいえ，ありません。

(5) A：これは誰のかばんですか。／B：私のものです。 mine「私のもの」

重要 8 (資料読解：英問英答，内容吟味)

(全訳)

入園料	
	基本料金
大人／高校生	300円
小学生／中学生	100円
6歳以下	無料
開園―閉園	
夏期	9時～19時
冬期	9時～17時
休園日	
毎週月曜日	クリスマス
注意！ 入園前にお読みください。	
動物にエサをやらないでください。	
窓を叩かないでください。	
ゴミを捨てないでください。	

(1) 「大人2人と中学生3人が動物園に入園すると入場料はいくらか」 300円×2＋100円×3＝900円

(2) 「5歳の少年と6歳の少女が動物園に入園すると入場料はいくらか」 6歳以下は無料。

(3) 「動物園はいつ休園するか」「クリスマス」 (4) 「動物園は冬は何時に閉まるか」「17時」

(5) 「動物園でしてはいけないことの1つは何か」「ゴミを捨てること」

9 (長文読解問題・手紙文：語句補充・選択，助動詞，英問英答，内容吟味，内容一致)

(大意) 僕は3週間前に千葉に来た。日本の学校は素晴らしいよ！ 日本語はまだ上手に話せないけれど，学校でたくさん(A)友達ができた。学校での初日，4時間目が終わると，クラスメートたちが教室で昼食を食べ始めた！ 机の上に弁当箱を置いたので信じられなかったよ。授業が終わると，何人かの生徒たちが教室の掃除を始めた。僕は(B)驚いたよ。オーストラリアの学校には清掃スタッフがいるから，生徒や先生は掃除を[①]しなくてもいい。次の日僕は初めて教室を掃除して，気持ちが良かった。来月には1週間の修学旅行がある。オーストラリアの学校にはそんなに長い旅行はないよね。京都や大阪に行く(C)のでとてもうれしい。僕は京都で有名な場所や古い建物を見たい。日本とオーストラリアにはたくさんの違いがあるからわくわくするよ。次回は修学旅行について君に伝えるつもりだ。

(1) (A) make friends with ～「～と友達になる」 (B) surprised「(人が)驚いている」 (C) because「～なので」 (2) 〈don't have to ＋動詞の原形〉「～しなくてもよい」

(3) ①「マイクはどのくらい千葉に住んでいるか」「3週間」 ②「クラスメートと掃除をした後，マイクはどう感じたか」「気持ちが良かった」 ③「マイクは京都について何に興味があるか」「有名な場所や古い建物に興味がある」 (4) 大意参照。

★ワンポイントアドバイス★

9の(4)は本文の内容と一致するものを選ぶ問題。選択肢が日本語で書かれているので，英文を読む前に一読し，読み取るべき内容を把握してから英文を読むとよいだろう。

＜国語解答＞

第1問 問一 A 期間 B やくご C 負担 D るいすい E こうしょう F 特殊 問二 Ⅰ ウ Ⅱ ア Ⅲ エ Ⅳ イ 問三 ウ
問四 ② ア ⑤ エ 問五 受験に際して不平等なこと 問六 ウ
問七 X イ Y エ 問八 かけがえのない貴重なもの 問九 どちらも自
問十 方言[母語] 問十一 5 問十二 イ

第2問 問一 ① 貪(り) ③ 愚(か) 問二 ② ところ ④ ことわり
問三 ア やしない イ まどえる 問四 ウ 問五 起く 問六 ア
問七 老と死 問八 ア・エ・オ

第3問 ① オ ② ア ③ カ ④ エ ⑤ イ ⑥ ウ

第4問 ① ウ ② オ ③ カ ④ イ ⑤ エ ⑥ ア

第5問 ① 手 ② 口 ③ 足

○配点○
各2点×50 計100点

＜国語解説＞

第1問 （論説文一漢字，脱語補充，接続語，語句の意味，対義語，文脈把握，内容吟味，要旨）

問一 A 「期」を使った熟語はほかに「期限」「期待」など。音読みはほかに「ゴ」。熟語は「最期」「一期一会」など。 B 「訳」を使った熟語はほかに「翻訳」「和訳」など。訓読みは「わけ」。 C 「負」を使った熟語はほかに「負荷」「負傷」など。訓読みは「お(う)」「ま(かす)」「ま(ける)」。 D 「類」を使った熟語はほかに「類型」「類似」など。訓読みは「たぐ(い)」。 E 「渉」を使った熟語はほかに「渉外」「干渉」など。訓読みは「わた(る)」。 F 「殊」を使った熟語はほかに「殊勝」「殊勲」など。訓読みは「こと」。「殊更」「殊に」などと使われる。

問二 Ⅰ 直前の「生まれて最初におぼえることば，……母語という」と，直後の「ほとんどすべての日本人にとって，母語は日本語である」は，順当につながる内容といえるので，順接を表す「だから」が入る。 Ⅱ 直前の「いつかは返りたい」と直後の「返っていくべき」を並べているので，対比・選択を表す「あるいは」が入る。 Ⅲ 直後に「『母語』のもとの英語に……」とあり，新たな話題を提起しているので，転換を表す「ところで」が入る」。 Ⅳ 前に「日本人にとって母語は日本語であり，しかも，どこかの方言だ」とあることをふまえ，直後で，（東京で生まれ育った人の「母語」は）「東京という地域のことば，すなわち東京方言であって，それ以外のものではありえない」と述べているので，同様に，という意味の「やはり」が入る。

問三 「グループ」は，人や物の集まり，集団，という意味。「母語」「母校」「母港」「母船」「航空母艦」「母型」は，「『母』のつくことば」の集まり，集団である。

問四 ② 「普通」は，同種のものの中で，変わったところがなくありふれていること。対義語は，一般のものとはちがって区別されること，という意味の「特別」。 ⑤ 「単純」は，しくみや形がこみいっていないこと。対義語は，種々の事情や関係が重なり合い入くんでいること，という意味の「複雑」。

問五 「不都合なこと」については，直後で「在日韓国人で韓国語はあとで習ったことばで，生まれて最初におぼえたことばは日本語，しかも日本人の学校を出た学生にとって，『母国語』はどちらの言語ということになるのか」と説明されており，具体的には「大学院の試験を受けるのに……ケースが生じたことがある」とある。このようなケースについては，直後で「受験に際して不平等なこと」と言い換えている。

問六　前に示されている「在日韓国人で韓国語はあとで習ったことばで，うまれて最初におぼえたことばは日本語」という場合，「母国語」は「日本語」，「外国語」は「韓国語」になる，という文脈なので，ウが適切。

問七　直前の「言語を国を単位にして分類しがちになる」という内容を言い換えているので，Xには「母語」，Yには「母国語」が入る。

問八　「母親と母語とは」とあることに着目する。「母親と母語」については，後に「言うならば，母親も母語も，運命的な存在であり，かけがえのない貴重なものである」と説明されているので，「かけがえのない貴重なもの(12字)」を抜き出す。

問九　同様のことは，前に「どちらも自分では選べなかったという点」と表現されている。「運命的」は，人の意志で変えることも予測することもできないもの，という意味。

やや難 問十　ここでは「地域性のほとんどないような人」の言葉を「書き言葉に近い」としていることをおさえる。対して，一般的な日本人の言葉について筆者は，「すべての日本人にとって，母語は日本語である。しかも，その日本語は，どこか，ある地域のことば，すなわち方言である」と述べているので，「書きことば」の反対の意味を表す語としては「方言」が適切。

問十一　「『母語』であって『母国語』ではない」と，「母国語」という表現を否定していることをおさえる。5段落の最後に「国際化の時代に『母国語』という『国』のついた名称は不適当である」とあり，「母国語」という表現を否定しているので，5段落の直後が適切。

問十二　イは，冒頭の段落に「すべての日本人とって，母語は日本語である。しかも，その日本語は，どこか，ある地域のことば，すなわち方言である」とあることと合致する。アの「世界的にみても難しいことば」，ウの「国によって判断の基準が変わる」，エの「大切にしたほうが良い」という内容は本文にない。

第2問　(古文一漢字，仮名遣い，表現技法，対義語，口語訳，指示語，主題)

〈口語訳〉 (人間が)蟻のように集まって，東に西にと急ぎ，南に北にと走り回る。身分の高い者があり，低い者がある。行く所があるかと思うと，帰る家がある。夜には寝て，朝になると起きる。(このように人は)忙しく動作しているが，これはいったいどういうことなのだろうか。長寿をむやみに願い，利益を追い求めて飽くことを知らない。

我が身一つを養い肥やして，何を期待するというのか。期待できるところのものは，ただ老いと死とだけである。この(老いと死の)やって来ることは急速であって，一瞬の間も休止することがない。これを待つ間，何の楽しみがあるというのだろう。(しかし)迷う者はこれを恐れない。(それというのも)名誉や利益に心を奪われて，到達点(死)の近いことを反省しないからなのである。愚かな人は，また(反対に)これを悲しむ。(そのわけは，物が)永久に存在するように考えて，変化の道理を知らないからなのである。

問一　①「貪り」と書く。「貪る」は，欲深く求める，という意味。「貪」の音読みは「ドン」。熟語は「貪欲」など。字形の似た「貧」と区別する。　③「愚か」と書く。「愚か」は，知恵や考えが足りないこと。「愚」の音読みは「グ」。熟語は「愚直」「愚策」など。

問二　②「処」は「ところ」と読む。「所」と同じ意で使われ，場所，居所，箇所，という意味がある。　④「理」は「ことわり」と読む。道理，道筋，理由，などの意味がある。

問三　語頭以外の「はひふへほ」は，現代仮名遣いでは「わいうえお」となるので，アの「ひ」は「い」に，イの「へ」は「え」に直し，ひらがな表記にして，アは「やしなう」，イは「まどえる」とする。

問四　「～あり，～あり」と類似するものを並べて語調を整えているので「対句法」が適切。

問五 「夕に寝ねて朝に起く」とあるので，「寝ね」の反対語は「起く」。「夕」と「朝」，「寝ね」と「起く」が対になっている。

問六 「念々」は，「瞬間瞬間」という意味。「とどまる」には，動きが止まる，中止する，という意味があるので，「一瞬の間も休止することがない」とするアが適切。

やや難 問七 「これ」は，直前の「是」，さらにその前の「その」と同様のものを指し，直前の「ただ老と死とにあり」を受けているので，「老と死」があてはまる。

やや難 問八 「おろかなる人」については，直後に「またこれを悲しぶ。常住ならんことを思ひて，変化の理を知らねばなり(永久に存在するように考えて，変化の道理を知らないからなのである)。」とあり，「これ」は「老と死」を指すので，ア・エは合致する。オは，本文に「生をむさぼり，利を求めてやむ時なし(長寿をむやみに願い，利益を追い求めて飽くことを知らない)。」とあることと合致する。

第3問 (四字熟語)

① 「意気投合(いきとうごう)」は，互いの思いや気持ちがぴったりと合い，一つになること。

② 「一期一会(いちごいちえ)」は，一生涯にただ一度会うかどうかわからないほどの縁，という意味で，出会いを大切にすることのたとえ。 ③ 「起死回生(きしかいせい)」は，危機的な状況を一気によい方向に立て直すこと。また，滅びかかったものを元に戻すこと。 ④ 「以心伝心(いしんでんしん)」は，文字や言葉を使わずに互いの心と心で通じ合うこと。 ⑤ 「切磋琢磨(せっさたくま)」は，互いに励まし合って，鍛錬や修行をすること。仲間が互いに協力したり競ったりして，技量を高めあうこと。 ⑥ 「温故知新(おんこちしん)」は，以前学んだことや，昔の事柄を調べ直したり考え直したりして，新たに新しい道理や知識を探りあてること。

第4問 (ことわざ)

① 「糠に釘」「のれんに腕押し」は，何の手ごたえもないこと。まるで効き目がないことのたとえ。

② 「石橋をたたいて渡る」「転ばぬ先の杖」は，用心に用心を重ねて慎重にやることのたとえ。

③ 「泣きっ面に蜂」「弱り目にたたり目」は，困っているときに，困っていることが重なって起きることのたとえ。 ④ 「藪から棒」「寝耳に水」は，唐突なことのたとえ。 ⑤ 「猫に小判」「馬の耳に念仏」は，どんなに価値のあるものでも，その価値のわからない者にとっては，なんの役にも立たないというたとえ。 ⑥ 「河童の川流れ」「弘法も筆の誤り」は，すぐれた人や専門家でも，時には失敗することもあるというたとえ。

第5問 (慣用句)

① 「手を貸す」は，助力すること。「手が焼ける」は，他人が世話をしてあげなくてはならず，手数がかかること。「手がふさがる」は，現在していることに手いっぱいで，他のことをするゆとりがないこと。 ② 「口を挟む」は，他人の会話に途中で割り込んで，何かを言うこと。「口が堅い」は，口止めされていることを，軽々しく話したりしないこと。「口をそろえる」は，多くの人が同時に同じことを言うこと。 ③ 「足を洗う」は，好ましくない商売や生活から抜け出すこと。悪い仲間との付き合いをやめること。「足を引っ張る」は，他人の成功や昇進の邪魔をすること。物事のスムーズな進行を妨げること。「足が遠のく」は，訪れることが少なくなること。

★ワンポイントアドバイス★

漢字・語句・文法などの知識事項は，まんべんなく学習し，確実に得点できる力をつけておこう！ 現代文の読解は，指示語や言い換え表現に注意して，文脈を丁寧に追う練習をしておこう！

大切なことはメモしておこうネ！

T.G

解答用紙集

○月×日 △曜日　天気(合格日和)

◆ご利用のみなさまへ
＊解答用紙の公表を行っていない学校につきましては、弊社の責任において、解答用紙を制作いたしました。
＊編集上の理由により一部縮小掲載した解答用紙がございます。
＊編集上の理由により一部実物と異なる形式の解答用紙がございます。

人間の最も偉大な力とは、その一番の弱点を克服したところから生まれてくるものである。 ――カール・ヒルティ――

東京学参株式会社

我孫子二階堂高等学校　2024年度

◇数学◇

※ 120%に拡大していただくと，解答欄は実物大になります。

解答番号	解答記入欄											
1	±	−	⓪	①	②	③	④	⑤	⑥	⑦	⑧	⑨
2	±	−	⓪	①	②	③	④	⑤	⑥	⑦	⑧	⑨
3	±	−	⓪	①	②	③	④	⑤	⑥	⑦	⑧	⑨
4	±	−	⓪	①	②	③	④	⑤	⑥	⑦	⑧	⑨
5	±	−	⓪	①	②	③	④	⑤	⑥	⑦	⑧	⑨
6	±	−	⓪	①	②	③	④	⑤	⑥	⑦	⑧	⑨
7	±	−	⓪	①	②	③	④	⑤	⑥	⑦	⑧	⑨
8	±	−	⓪	①	②	③	④	⑤	⑥	⑦	⑧	⑨
9	±	−	⓪	①	②	③	④	⑤	⑥	⑦	⑧	⑨
10	±	−	⓪	①	②	③	④	⑤	⑥	⑦	⑧	⑨
11	±	−	⓪	①	②	③	④	⑤	⑥	⑦	⑧	⑨
12	±	−	⓪	①	②	③	④	⑤	⑥	⑦	⑧	⑨
13	±	−	⓪	①	②	③	④	⑤	⑥	⑦	⑧	⑨
14	±	−	⓪	①	②	③	④	⑤	⑥	⑦	⑧	⑨
15	±	−	⓪	①	②	③	④	⑤	⑥	⑦	⑧	⑨
16	±	−	⓪	①	②	③	④	⑤	⑥	⑦	⑧	⑨
17	±	−	⓪	①	②	③	④	⑤	⑥	⑦	⑧	⑨
18	±	−	⓪	①	②	③	④	⑤	⑥	⑦	⑧	⑨
19	±	−	⓪	①	②	③	④	⑤	⑥	⑦	⑧	⑨
20	±	−	⓪	①	②	③	④	⑤	⑥	⑦	⑧	⑨
21	±	−	⓪	①	②	③	④	⑤	⑥	⑦	⑧	⑨
22	±	−	⓪	①	②	③	④	⑤	⑥	⑦	⑧	⑨
23	±	−	⓪	①	②	③	④	⑤	⑥	⑦	⑧	⑨
24	±	−	⓪	①	②	③	④	⑤	⑥	⑦	⑧	⑨
25	±	−	⓪	①	②	③	④	⑤	⑥	⑦	⑧	⑨

解答番号	解答記入欄											
26	±	−	⓪	①	②	③	④	⑤	⑥	⑦	⑧	⑨
27	±	−	⓪	①	②	③	④	⑤	⑥	⑦	⑧	⑨
28	±	−	⓪	①	②	③	④	⑤	⑥	⑦	⑧	⑨
29	±	−	⓪	①	②	③	④	⑤	⑥	⑦	⑧	⑨
30	±	−	⓪	①	②	③	④	⑤	⑥	⑦	⑧	⑨
31	±	−	⓪	①	②	③	④	⑤	⑥	⑦	⑧	⑨
32	±	−	⓪	①	②	③	④	⑤	⑥	⑦	⑧	⑨
33	±	−	⓪	①	②	③	④	⑤	⑥	⑦	⑧	⑨
34	±	−	⓪	①	②	③	④	⑤	⑥	⑦	⑧	⑨
35	±	−	⓪	①	②	③	④	⑤	⑥	⑦	⑧	⑨
36	±	−	⓪	①	②	③	④	⑤	⑥	⑦	⑧	⑨
37	±	−	⓪	①	②	③	④	⑤	⑥	⑦	⑧	⑨
38	±	−	⓪	①	②	③	④	⑤	⑥	⑦	⑧	⑨
39	±	−	⓪	①	②	③	④	⑤	⑥	⑦	⑧	⑨
40	±	−	⓪	①	②	③	④	⑤	⑥	⑦	⑧	⑨
41	±	−	⓪	①	②	③	④	⑤	⑥	⑦	⑧	⑨
42	±	−	⓪	①	②	③	④	⑤	⑥	⑦	⑧	⑨
43	±	−	⓪	①	②	③	④	⑤	⑥	⑦	⑧	⑨
44	±	−	⓪	①	②	③	④	⑤	⑥	⑦	⑧	⑨
45	±	−	⓪	①	②	③	④	⑤	⑥	⑦	⑧	⑨
46	±	−	⓪	①	②	③	④	⑤	⑥	⑦	⑧	⑨
47	±	−	⓪	①	②	③	④	⑤	⑥	⑦	⑧	⑨
48	±	−	⓪	①	②	③	④	⑤	⑥	⑦	⑧	⑨
49	±	−	⓪	①	②	③	④	⑤	⑥	⑦	⑧	⑨
50	±	−	⓪	①	②	③	④	⑤	⑥	⑦	⑧	⑨

解答番号	解答記入欄											
51	±	−	⓪	①	②	③	④	⑤	⑥	⑦	⑧	⑨
52	±	−	⓪	①	②	③	④	⑤	⑥	⑦	⑧	⑨
53	±	−	⓪	①	②	③	④	⑤	⑥	⑦	⑧	⑨
54	±	−	⓪	①	②	③	④	⑤	⑥	⑦	⑧	⑨
55	±	−	⓪	①	②	③	④	⑤	⑥	⑦	⑧	⑨
56	±	−	⓪	①	②	③	④	⑤	⑥	⑦	⑧	⑨
57	±	−	⓪	①	②	③	④	⑤	⑥	⑦	⑧	⑨
58	±	−	⓪	①	②	③	④	⑤	⑥	⑦	⑧	⑨
59	±	−	⓪	①	②	③	④	⑤	⑥	⑦	⑧	⑨
60	±	−	⓪	①	②	③	④	⑤	⑥	⑦	⑧	⑨
61	±	−	⓪	①	②	③	④	⑤	⑥	⑦	⑧	⑨
62	±	−	⓪	①	②	③	④	⑤	⑥	⑦	⑧	⑨
63	±	−	⓪	①	②	③	④	⑤	⑥	⑦	⑧	⑨
64	±	−	⓪	①	②	③	④	⑤	⑥	⑦	⑧	⑨
65	±	−	⓪	①	②	③	④	⑤	⑥	⑦	⑧	⑨
66	±	−	⓪	①	②	③	④	⑤	⑥	⑦	⑧	⑨
67	±	−	⓪	①	②	③	④	⑤	⑥	⑦	⑧	⑨
68	±	−	⓪	①	②	③	④	⑤	⑥	⑦	⑧	⑨
69	±	−	⓪	①	②	③	④	⑤	⑥	⑦	⑧	⑨
70	±	−	⓪	①	②	③	④	⑤	⑥	⑦	⑧	⑨
71	±	−	⓪	①	②	③	④	⑤	⑥	⑦	⑧	⑨
72	±	−	⓪	①	②	③	④	⑤	⑥	⑦	⑧	⑨
73	±	−	⓪	①	②	③	④	⑤	⑥	⑦	⑧	⑨
74	±	−	⓪	①	②	③	④	⑤	⑥	⑦	⑧	⑨
75	±	−	⓪	①	②	③	④	⑤	⑥	⑦	⑧	⑨

解答番号	解答記入欄											
76	±	−	⓪	①	②	③	④	⑤	⑥	⑦	⑧	⑨
77	±	−	⓪	①	②	③	④	⑤	⑥	⑦	⑧	⑨
78	±	−	⓪	①	②	③	④	⑤	⑥	⑦	⑧	⑨
79	±	−	⓪	①	②	③	④	⑤	⑥	⑦	⑧	⑨
80	±	−	⓪	①	②	③	④	⑤	⑥	⑦	⑧	⑨
81	±	−	⓪	①	②	③	④	⑤	⑥	⑦	⑧	⑨
82	±	−	⓪	①	②	③	④	⑤	⑥	⑦	⑧	⑨
83	±	−	⓪	①	②	③	④	⑤	⑥	⑦	⑧	⑨
84	±	−	⓪	①	②	③	④	⑤	⑥	⑦	⑧	⑨
85	±	−	⓪	①	②	③	④	⑤	⑥	⑦	⑧	⑨
86	±	−	⓪	①	②	③	④	⑤	⑥	⑦	⑧	⑨
87	±	−	⓪	①	②	③	④	⑤	⑥	⑦	⑧	⑨
88	±	−	⓪	①	②	③	④	⑤	⑥	⑦	⑧	⑨
89	±	−	⓪	①	②	③	④	⑤	⑥	⑦	⑧	⑨
90	±	−	⓪	①	②	③	④	⑤	⑥	⑦	⑧	⑨
91	±	−	⓪	①	②	③	④	⑤	⑥	⑦	⑧	⑨
92	±	−	⓪	①	②	③	④	⑤	⑥	⑦	⑧	⑨
93	±	−	⓪	①	②	③	④	⑤	⑥	⑦	⑧	⑨
94	±	−	⓪	①	②	③	④	⑤	⑥	⑦	⑧	⑨
95	±	−	⓪	①	②	③	④	⑤	⑥	⑦	⑧	⑨
96	±	−	⓪	①	②	③	④	⑤	⑥	⑦	⑧	⑨
97	±	−	⓪	①	②	③	④	⑤	⑥	⑦	⑧	⑨
98	±	−	⓪	①	②	③	④	⑤	⑥	⑦	⑧	⑨
99	±	−	⓪	①	②	③	④	⑤	⑥	⑦	⑧	⑨
100	±	−	⓪	①	②	③	④	⑤	⑥	⑦	⑧	⑨

我孫子二階堂高等学校　2024年度

◇英語◇

※ 120%に拡大していただくと，解答欄は実物大になります。

解答番号	解答記入欄	解答番号	解答記入欄	解答番号	解答記入欄	解答番号	解答記入欄
1	① ② ③ ④ ⑤ ⑥ ⑦ ⑧ ⑨ ⓪	26	① ② ③ ④ ⑤ ⑥ ⑦ ⑧ ⑨ ⓪	51	① ② ③ ④ ⑤ ⑥ ⑦ ⑧ ⑨ ⓪	76	① ② ③ ④ ⑤ ⑥ ⑦ ⑧ ⑨ ⓪
2	① ② ③ ④ ⑤ ⑥ ⑦ ⑧ ⑨ ⓪	27	① ② ③ ④ ⑤ ⑥ ⑦ ⑧ ⑨ ⓪	52	① ② ③ ④ ⑤ ⑥ ⑦ ⑧ ⑨ ⓪	77	① ② ③ ④ ⑤ ⑥ ⑦ ⑧ ⑨ ⓪
3	① ② ③ ④ ⑤ ⑥ ⑦ ⑧ ⑨ ⓪	28	① ② ③ ④ ⑤ ⑥ ⑦ ⑧ ⑨ ⓪	53	① ② ③ ④ ⑤ ⑥ ⑦ ⑧ ⑨ ⓪	78	① ② ③ ④ ⑤ ⑥ ⑦ ⑧ ⑨ ⓪
4	① ② ③ ④ ⑤ ⑥ ⑦ ⑧ ⑨ ⓪	29	① ② ③ ④ ⑤ ⑥ ⑦ ⑧ ⑨ ⓪	54	① ② ③ ④ ⑤ ⑥ ⑦ ⑧ ⑨ ⓪	79	① ② ③ ④ ⑤ ⑥ ⑦ ⑧ ⑨ ⓪
5	① ② ③ ④ ⑤ ⑥ ⑦ ⑧ ⑨ ⓪	30	① ② ③ ④ ⑤ ⑥ ⑦ ⑧ ⑨ ⓪	55	① ② ③ ④ ⑤ ⑥ ⑦ ⑧ ⑨ ⓪	80	① ② ③ ④ ⑤ ⑥ ⑦ ⑧ ⑨ ⓪
6	① ② ③ ④ ⑤ ⑥ ⑦ ⑧ ⑨ ⓪	31	① ② ③ ④ ⑤ ⑥ ⑦ ⑧ ⑨ ⓪	56	① ② ③ ④ ⑤ ⑥ ⑦ ⑧ ⑨ ⓪	81	① ② ③ ④ ⑤ ⑥ ⑦ ⑧ ⑨ ⓪
7	① ② ③ ④ ⑤ ⑥ ⑦ ⑧ ⑨ ⓪	32	① ② ③ ④ ⑤ ⑥ ⑦ ⑧ ⑨ ⓪	57	① ② ③ ④ ⑤ ⑥ ⑦ ⑧ ⑨ ⓪	82	① ② ③ ④ ⑤ ⑥ ⑦ ⑧ ⑨ ⓪
8	① ② ③ ④ ⑤ ⑥ ⑦ ⑧ ⑨ ⓪	33	① ② ③ ④ ⑤ ⑥ ⑦ ⑧ ⑨ ⓪	58	① ② ③ ④ ⑤ ⑥ ⑦ ⑧ ⑨ ⓪	83	① ② ③ ④ ⑤ ⑥ ⑦ ⑧ ⑨ ⓪
9	① ② ③ ④ ⑤ ⑥ ⑦ ⑧ ⑨ ⓪	34	① ② ③ ④ ⑤ ⑥ ⑦ ⑧ ⑨ ⓪	59	① ② ③ ④ ⑤ ⑥ ⑦ ⑧ ⑨ ⓪	84	① ② ③ ④ ⑤ ⑥ ⑦ ⑧ ⑨ ⓪
10	① ② ③ ④ ⑤ ⑥ ⑦ ⑧ ⑨ ⓪	35	① ② ③ ④ ⑤ ⑥ ⑦ ⑧ ⑨ ⓪	60	① ② ③ ④ ⑤ ⑥ ⑦ ⑧ ⑨ ⓪	85	① ② ③ ④ ⑤ ⑥ ⑦ ⑧ ⑨ ⓪
11	① ② ③ ④ ⑤ ⑥ ⑦ ⑧ ⑨ ⓪	36	① ② ③ ④ ⑤ ⑥ ⑦ ⑧ ⑨ ⓪	61	① ② ③ ④ ⑤ ⑥ ⑦ ⑧ ⑨ ⓪	86	① ② ③ ④ ⑤ ⑥ ⑦ ⑧ ⑨ ⓪
12	① ② ③ ④ ⑤ ⑥ ⑦ ⑧ ⑨ ⓪	37	① ② ③ ④ ⑤ ⑥ ⑦ ⑧ ⑨ ⓪	62	① ② ③ ④ ⑤ ⑥ ⑦ ⑧ ⑨ ⓪	87	① ② ③ ④ ⑤ ⑥ ⑦ ⑧ ⑨ ⓪
13	① ② ③ ④ ⑤ ⑥ ⑦ ⑧ ⑨ ⓪	38	① ② ③ ④ ⑤ ⑥ ⑦ ⑧ ⑨ ⓪	63	① ② ③ ④ ⑤ ⑥ ⑦ ⑧ ⑨ ⓪	88	① ② ③ ④ ⑤ ⑥ ⑦ ⑧ ⑨ ⓪
14	① ② ③ ④ ⑤ ⑥ ⑦ ⑧ ⑨ ⓪	39	① ② ③ ④ ⑤ ⑥ ⑦ ⑧ ⑨ ⓪	64	① ② ③ ④ ⑤ ⑥ ⑦ ⑧ ⑨ ⓪	89	① ② ③ ④ ⑤ ⑥ ⑦ ⑧ ⑨ ⓪
15	① ② ③ ④ ⑤ ⑥ ⑦ ⑧ ⑨ ⓪	40	① ② ③ ④ ⑤ ⑥ ⑦ ⑧ ⑨ ⓪	65	① ② ③ ④ ⑤ ⑥ ⑦ ⑧ ⑨ ⓪	90	① ② ③ ④ ⑤ ⑥ ⑦ ⑧ ⑨ ⓪
16	① ② ③ ④ ⑤ ⑥ ⑦ ⑧ ⑨ ⓪	41	① ② ③ ④ ⑤ ⑥ ⑦ ⑧ ⑨ ⓪	66	① ② ③ ④ ⑤ ⑥ ⑦ ⑧ ⑨ ⓪	91	① ② ③ ④ ⑤ ⑥ ⑦ ⑧ ⑨ ⓪
17	① ② ③ ④ ⑤ ⑥ ⑦ ⑧ ⑨ ⓪	42	① ② ③ ④ ⑤ ⑥ ⑦ ⑧ ⑨ ⓪	67	① ② ③ ④ ⑤ ⑥ ⑦ ⑧ ⑨ ⓪	92	① ② ③ ④ ⑤ ⑥ ⑦ ⑧ ⑨ ⓪
18	① ② ③ ④ ⑤ ⑥ ⑦ ⑧ ⑨ ⓪	43	① ② ③ ④ ⑤ ⑥ ⑦ ⑧ ⑨ ⓪	68	① ② ③ ④ ⑤ ⑥ ⑦ ⑧ ⑨ ⓪	93	① ② ③ ④ ⑤ ⑥ ⑦ ⑧ ⑨ ⓪
19	① ② ③ ④ ⑤ ⑥ ⑦ ⑧ ⑨ ⓪	44	① ② ③ ④ ⑤ ⑥ ⑦ ⑧ ⑨ ⓪	69	① ② ③ ④ ⑤ ⑥ ⑦ ⑧ ⑨ ⓪	94	① ② ③ ④ ⑤ ⑥ ⑦ ⑧ ⑨ ⓪
20	① ② ③ ④ ⑤ ⑥ ⑦ ⑧ ⑨ ⓪	45	① ② ③ ④ ⑤ ⑥ ⑦ ⑧ ⑨ ⓪	70	① ② ③ ④ ⑤ ⑥ ⑦ ⑧ ⑨ ⓪	95	① ② ③ ④ ⑤ ⑥ ⑦ ⑧ ⑨ ⓪
21	① ② ③ ④ ⑤ ⑥ ⑦ ⑧ ⑨ ⓪	46	① ② ③ ④ ⑤ ⑥ ⑦ ⑧ ⑨ ⓪	71	① ② ③ ④ ⑤ ⑥ ⑦ ⑧ ⑨ ⓪	96	① ② ③ ④ ⑤ ⑥ ⑦ ⑧ ⑨ ⓪
22	① ② ③ ④ ⑤ ⑥ ⑦ ⑧ ⑨ ⓪	47	① ② ③ ④ ⑤ ⑥ ⑦ ⑧ ⑨ ⓪	72	① ② ③ ④ ⑤ ⑥ ⑦ ⑧ ⑨ ⓪	97	① ② ③ ④ ⑤ ⑥ ⑦ ⑧ ⑨ ⓪
23	① ② ③ ④ ⑤ ⑥ ⑦ ⑧ ⑨ ⓪	48	① ② ③ ④ ⑤ ⑥ ⑦ ⑧ ⑨ ⓪	73	① ② ③ ④ ⑤ ⑥ ⑦ ⑧ ⑨ ⓪	98	① ② ③ ④ ⑤ ⑥ ⑦ ⑧ ⑨ ⓪
24	① ② ③ ④ ⑤ ⑥ ⑦ ⑧ ⑨ ⓪	49	① ② ③ ④ ⑤ ⑥ ⑦ ⑧ ⑨ ⓪	74	① ② ③ ④ ⑤ ⑥ ⑦ ⑧ ⑨ ⓪	99	① ② ③ ④ ⑤ ⑥ ⑦ ⑧ ⑨ ⓪
25	① ② ③ ④ ⑤ ⑥ ⑦ ⑧ ⑨ ⓪	50	① ② ③ ④ ⑤ ⑥ ⑦ ⑧ ⑨ ⓪	75	① ② ③ ④ ⑤ ⑥ ⑦ ⑧ ⑨ ⓪	100	① ② ③ ④ ⑤ ⑥ ⑦ ⑧ ⑨ ⓪

我孫子二階堂高等学校　2024年度

◇国語◇

※ 120%に拡大していただくと，解答欄は実物大になります。

解答番号	解答記入欄	解答番号	解答記入欄	解答番号	解答記入欄	解答番号	解答記入欄
1	①②③④⑤⑥⑦⑧⑨⓪	26	①②③④⑤⑥⑦⑧⑨⓪	51	①②③④⑤⑥⑦⑧⑨⓪	76	①②③④⑤⑥⑦⑧⑨⓪
2	①②③④⑤⑥⑦⑧⑨⓪	27	①②③④⑤⑥⑦⑧⑨⓪	52	①②③④⑤⑥⑦⑧⑨⓪	77	①②③④⑤⑥⑦⑧⑨⓪
3	①②③④⑤⑥⑦⑧⑨⓪	28	①②③④⑤⑥⑦⑧⑨⓪	53	①②③④⑤⑥⑦⑧⑨⓪	78	①②③④⑤⑥⑦⑧⑨⓪
4	①②③④⑤⑥⑦⑧⑨⓪	29	①②③④⑤⑥⑦⑧⑨⓪	54	①②③④⑤⑥⑦⑧⑨⓪	79	①②③④⑤⑥⑦⑧⑨⓪
5	①②③④⑤⑥⑦⑧⑨⓪	30	①②③④⑤⑥⑦⑧⑨⓪	55	①②③④⑤⑥⑦⑧⑨⓪	80	①②③④⑤⑥⑦⑧⑨⓪
6	①②③④⑤⑥⑦⑧⑨⓪	31	①②③④⑤⑥⑦⑧⑨⓪	56	①②③④⑤⑥⑦⑧⑨⓪	81	①②③④⑤⑥⑦⑧⑨⓪
7	①②③④⑤⑥⑦⑧⑨⓪	32	①②③④⑤⑥⑦⑧⑨⓪	57	①②③④⑤⑥⑦⑧⑨⓪	82	①②③④⑤⑥⑦⑧⑨⓪
8	①②③④⑤⑥⑦⑧⑨⓪	33	①②③④⑤⑥⑦⑧⑨⓪	58	①②③④⑤⑥⑦⑧⑨⓪	83	①②③④⑤⑥⑦⑧⑨⓪
9	①②③④⑤⑥⑦⑧⑨⓪	34	①②③④⑤⑥⑦⑧⑨⓪	59	①②③④⑤⑥⑦⑧⑨⓪	84	①②③④⑤⑥⑦⑧⑨⓪
10	①②③④⑤⑥⑦⑧⑨⓪	35	①②③④⑤⑥⑦⑧⑨⓪	60	①②③④⑤⑥⑦⑧⑨⓪	85	①②③④⑤⑥⑦⑧⑨⓪
11	①②③④⑤⑥⑦⑧⑨⓪	36	①②③④⑤⑥⑦⑧⑨⓪	61	①②③④⑤⑥⑦⑧⑨⓪	86	①②③④⑤⑥⑦⑧⑨⓪
12	①②③④⑤⑥⑦⑧⑨⓪	37	①②③④⑤⑥⑦⑧⑨⓪	62	①②③④⑤⑥⑦⑧⑨⓪	87	①②③④⑤⑥⑦⑧⑨⓪
13	①②③④⑤⑥⑦⑧⑨⓪	38	①②③④⑤⑥⑦⑧⑨⓪	63	①②③④⑤⑥⑦⑧⑨⓪	88	①②③④⑤⑥⑦⑧⑨⓪
14	①②③④⑤⑥⑦⑧⑨⓪	39	①②③④⑤⑥⑦⑧⑨⓪	64	①②③④⑤⑥⑦⑧⑨⓪	89	①②③④⑤⑥⑦⑧⑨⓪
15	①②③④⑤⑥⑦⑧⑨⓪	40	①②③④⑤⑥⑦⑧⑨⓪	65	①②③④⑤⑥⑦⑧⑨⓪	90	①②③④⑤⑥⑦⑧⑨⓪
16	①②③④⑤⑥⑦⑧⑨⓪	41	①②③④⑤⑥⑦⑧⑨⓪	66	①②③④⑤⑥⑦⑧⑨⓪	91	①②③④⑤⑥⑦⑧⑨⓪
17	①②③④⑤⑥⑦⑧⑨⓪	42	①②③④⑤⑥⑦⑧⑨⓪	67	①②③④⑤⑥⑦⑧⑨⓪	92	①②③④⑤⑥⑦⑧⑨⓪
18	①②③④⑤⑥⑦⑧⑨⓪	43	①②③④⑤⑥⑦⑧⑨⓪	68	①②③④⑤⑥⑦⑧⑨⓪	93	①②③④⑤⑥⑦⑧⑨⓪
19	①②③④⑤⑥⑦⑧⑨⓪	44	①②③④⑤⑥⑦⑧⑨⓪	69	①②③④⑤⑥⑦⑧⑨⓪	94	①②③④⑤⑥⑦⑧⑨⓪
20	①②③④⑤⑥⑦⑧⑨⓪	45	①②③④⑤⑥⑦⑧⑨⓪	70	①②③④⑤⑥⑦⑧⑨⓪	95	①②③④⑤⑥⑦⑧⑨⓪
21	①②③④⑤⑥⑦⑧⑨⓪	46	①②③④⑤⑥⑦⑧⑨⓪	71	①②③④⑤⑥⑦⑧⑨⓪	96	①②③④⑤⑥⑦⑧⑨⓪
22	①②③④⑤⑥⑦⑧⑨⓪	47	①②③④⑤⑥⑦⑧⑨⓪	72	①②③④⑤⑥⑦⑧⑨⓪	97	①②③④⑤⑥⑦⑧⑨⓪
23	①②③④⑤⑥⑦⑧⑨⓪	48	①②③④⑤⑥⑦⑧⑨⓪	73	①②③④⑤⑥⑦⑧⑨⓪	98	①②③④⑤⑥⑦⑧⑨⓪
24	①②③④⑤⑥⑦⑧⑨⓪	49	①②③④⑤⑥⑦⑧⑨⓪	74	①②③④⑤⑥⑦⑧⑨⓪	99	①②③④⑤⑥⑦⑧⑨⓪
25	①②③④⑤⑥⑦⑧⑨⓪	50	①②③④⑤⑥⑦⑧⑨⓪	75	①②③④⑤⑥⑦⑧⑨⓪	100	①②③④⑤⑥⑦⑧⑨⓪

我孫子二階堂高等学校　2023年度

◇数学◇

※ 114%に拡大していただくと，解答欄は実物大になります。

1

(1)	(2)	(3)	(4)
(5)	(6)	(7)	(8)
(9)	(10)	(11)	(12)
		$x=$	$x=$　　，$x=$

2

(1)	(2)	(3)	(4)
(5)	(6)	(7)	(8)
		$\angle x=$	
(9)	(10)	(11)	
$x=$		(ア)	(イ)

3

(1)	(2)	(3)
$a=$	(　　，　　)	

4

(1)	(2)	(3)	(4)
			倍

※ 105％に拡大していただくと，解答欄は実物大になります。

1.

(1)	(2)	(3)	
(4)A	B	C	D
(5)	(6)		
(7)①	②	③	④	⑤

2.

(1)	(2)	(3)	(4)	(5)
(6)	(7)	(8)	(9)	(10)

3.

(1)	(2)	(3)	(4)	(5)
(6)	(7)	(8)	(9)	

4.

(1)	(2)	(3)	(4)	(5)

5.

(1)	(2)	(3)	(4)	(5)

6.

(1)	(2)	(3)	(4)
(5)	(6)	(7)	

7.

(1)	(2)	(3)	(4)	(5)

◇国語◇

我孫子二階堂高等学校　２０２３年度

※１２０％に拡大していただくと、解答欄は実物大になります。

第１問

問一　a　b　c　d　e

問二　A　B　C

問三　Ⅰ　Ⅱ　Ⅲ

問四

問五

問六　A　B　C

問七

問八

問九

問十　こと。

問十一

問十二

第２問

問一　a　b　c

問二

問三

問四

問五

問六

問七　(1)　最初　最後　（完答）　(2)

問八

問九

問十

第３問

①　②　③　④　⑤

第４問

①　②　③　④　⑤

第５問

①　②　③　④　⑤

我孫子二階堂高等学校　2022年度

◇数学◇

※ 114%に拡大していただくと，解答欄は実物大になります。

1

(1)	(2)	(3)	(4)	(5)

(6)	(7)	(8)	(9)

(10)	(11)	(12)
$x=$	$x=$ ， $y=$	$x=$ ， $x=$

2

(1)	(2)	(3)	(4)

(5)	(6)	(7)	(8)
	$ac=$	%	

(9)	(10)	(11)(ア)	(11)(イ)
$x=$			

3

(1)	(2)	(3)
	(　　，　　)	

4

(1)	(2)	(3)	(4)
cm^2	cm^2	cm^2	cm^3

我孫子二階堂高等学校　2022年度

◇英語◇

※ 105%に拡大していただくと，解答欄は実物大になります。

1

(1)	(2)	(3)	(4)	(5)

2

(1)	(2)	(3)	(4)	(5)

3

(1)	(2)	(3)
(4)	(5)	

4

(1)	(2)	(3)
(4)	(5)	

5

(1)	(2)	(3)	(4)	(5)
(6)	(7)	(8)	(9)	(10)
(11)	(12)	(13)	(14)	(15)

6

(1)	(2)	(3)	(4)	(5)

7

(1)		(2)	(3)	
(4)		(5)	(6)	(7)
(8)	(9)	(10)	(11)	
(12)				

8

(1) ①	②	③	④	⑤
(2)	(3)		(4)	
(5) ①	②	③	④	

我孫子二階堂高等学校　２０２２年度

※１２０％に拡大していただくと、解答欄は実物大になります。

◇国語◇

第１問

問一　a　b　c　d　e

問二　1　2　3　4

問三

問四

問五

問六　X　Y

問七

問八

問九

問十

問十一

問十二

問十三　ようになったこと。

問十四

第２問

問一　a　b　c

問二

問三

問四　A　B

問五

問六

問七

問八

問九

問十

第３問

①　②　③　④　⑤

第４問

①　②　③　④　⑤

第５問

①　②　③　④　⑤

我孫子二階堂高等学校　2021年度

◇数学◇

※ 110%に拡大していただくと，解答欄は実物大になります。

1

(1)	(2)	(3)	(4)	(5)

(6)	(7)	(8)	(9)

(10)	(11)	(12)
$x=$	$x=$　　　, $y=$	$x=$　　　, $x=$

2

(1)	(2)	(3)	(4)
	$a=$		

(5)		(6)	
(ア)	(イ)	(ア)	(イ)
個	$n=$		

(7)	(8)	(9)	(10)
	$\angle x=$	$x=$	

3

(1)	(2)	(3)
$a=$		(　　　,　　　)

4

(1)	(2)	(3)	(4)

我孫子二階堂高等学校　2021年度

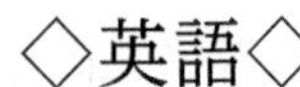

※ 104％に拡大していただくと，解答欄は実物大になります。

1	(1)	(2)	(3)	(4)	(5)

2	(1)	(2)	(3)	(4)	(5)

3	(1)	(2)	(3)	(4)	(5)

4	(1)	(2)	(3)
	(4)	(5)	

5	(1)	(2)	(3)	(4)	(5)
	(6)	(7)	(8)	(9)	(10)
	(11)	(12)	(13)	(14)	(15)

6	(1)	(2)	(3)	(4)	(5)

7	(1)	(2)	(3)	(4) ①	④
	(5)	(6)			
	(7) ①	②	③	④	⑤

8	(1)	(2)	(3)	(4)

9	(1)	(2)	(3)	(4)

2021年度 我孫子二階堂高等学校

◇国語◇

※105%に拡大していただくと、解答欄は実物大になります。

第1問

問一	a	b	c	d	e	f	g	h	i	j

問二	A	B	C

問三	問四	問五	問六	問七	問八	問九	問十 1つ目	問十 2つ目	問十一

第2問

問一	I	II	III

問二	問三

問四	i	ii

問五	問六	問七	問八	問九

第3問

①	②	③	④	⑤

第4問

①	②	③	④	⑤

第5問

①	②	③	④	⑤

我孫子二階堂高等学校　2020年度

◇数学◇

※103％に拡大していただくと，解答欄は実物大になります。

1

(1)	(2)	(3)	(4)

(5)	(6)	(7)	(8)
$x=$ $y=$			$x=$

2

(1)	(2)	(3)	(4)
$a=$		$x=$ $y=$	

3

(1)	(2)	(3)	(4)
(　　,　　)			

4

(1)	(2)	(3)	(4)
cm^2	cm	cm	cm^3

我孫子二階堂高等学校　2020年度

◇英語◇

※103％に拡大していただくと，解答欄は実物大になります。

1

⑴	⑵	⑶	⑷	⑸

2

⑴	⑵	⑶	⑷	⑸

3

⑴	⑵	⑶	⑷	⑸

4

⑴	⑵	⑶	⑷	⑸

5

⑴	⑵	⑶	⑷	⑸

6

⑴ 3番目	5番目	⑵ 3番目	5番目
⑶ 3番目	5番目	⑷ 3番目	5番目
⑸ 3番目	5番目		

7

⑴	⑵	⑶	⑷	⑸

8

⑴	⑵	⑶	⑷	⑸

9

⑴ A	B	C	⑵
⑶ ①	②	③	
⑷			

2020年度　我孫子二階堂高等学校

※119%に拡大していただくと、解答欄は実物大になります。

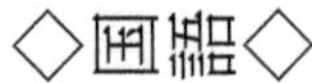

第1問

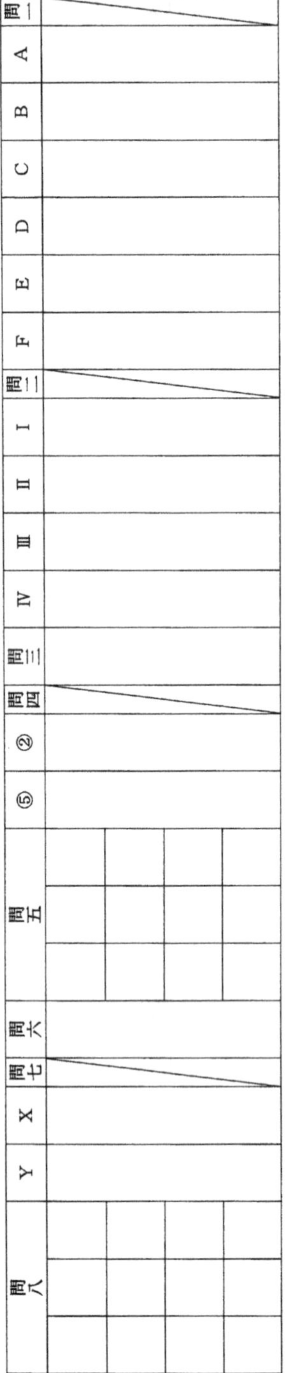

第2問

問一	
①	り
③	か
問二	
②	
④	
問三	
ア	
イ	
問四	
問五	
問六	
問七	
問八	

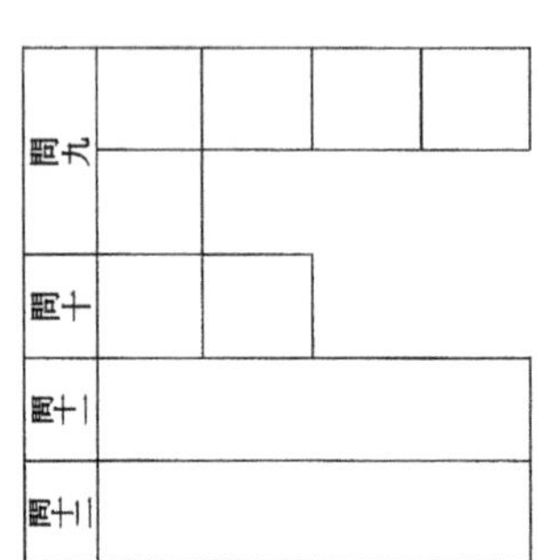

第3問

①	
②	
③	
④	
⑤	
⑥	

第4問

①	
②	
③	
④	
⑤	
⑥	

第5問

①	
②	
③	

MEMO

大切なことはメモしておこうネ！

T.G

大切なことはメモしておこうネ！

～公立高校志望の皆様に愛されるロングセラーシリーズ～

公立高校入試シリーズ

・全国の都道府県公立高校入試問題から良問を厳選
※実力錬成編には独自問題も！
・見やすい紙面、わかりやすい解説

数学

合格のために必要な点数をゲット

目標得点別・公立入試の数学　基礎編

- 効率的に対策できる！　30・50・70点の目標得点別の章立て
- web解説には豊富な例題167問！
- 実力確認用の総まとめテストつき

定価：1,210 円（本体 1,100 円 + 税 10%）／ ISBN：978-4-8141-2558-6

応用問題の頻出パターンをつかんで80点の壁を破る！

実戦問題演習・公立入試の数学　実力錬成編

- 応用問題の頻出パターンを網羅
- 難問にはweb解説で追加解説を掲載
- 実力確認用の総まとめテストつき

定価：1,540 円（本体 1,400 円 + 税 10%）／ ISBN：978-4-8141-2560-9

英語

「なんとなく」ではなく確実に長文読解・英作文が解ける

実戦問題演習・公立入試の英語　基礎編

- 解き方がわかる！　問題内にヒント入り
- ステップアップ式で確かな実力がつく

定価：1,100 円（本体 1,000 円 + 税 10%）／ ISBN：978-4-8141-2123-6

公立難関・上位校合格のためのゆるがぬ実戦力を身につける

実戦問題演習・公立入試の英語　実力錬成編

- 総合読解・英作文問題へのアプローチ手法がつかめる
- 文法、構文、表現を一つひとつ詳しく解説

定価：1,320 円（本体 1,200 円 + 税 10%）／ ISBN：978-4-8141-2169-4

理科

短期間で弱点補強・総仕上げ

実戦問題演習・公立入試の理科

- 解き方のコツがつかめる!　豊富なヒント入り
- 基礎～思考・表現を問う問題まで
重要項目を網羅

定価：1,045 円（本体 950 円 + 税 10%）
ISBN：978-4-8141-0454-3

社会

弱点補強・総合力で社会が武器になる

実戦問題演習・公立入試の社会

- 基礎から学び弱点を克服!　豊富なヒント入り
- 分野別総合・分野複合の融合など
あらゆる問題形式を網羅
※時事用語集を弊社HPで無料配信

定価：1,045 円（本体 950 円 + 税 10%）
ISBN：978-4-8141-0455-0

国語

最後まで解ききれる力をつける

形式別演習・公立入試の国語

- 解き方がわかる!　問題内にヒント入り
- 基礎～標準レベルの問題で
確かな基礎力を築く
- 実力確認用の総合テストつき

定価：1,045 円（本体 950 円 + 税 10%）
ISBN：978-4-8141-0453-6

基礎から最難関レベルまで
入試問題から厳選した良問を徹底演習
得意単元をゆるがぬ得点源に!

高校入試 特訓シリーズ

数学

数学 思考力 ―規則性とデータの分析と活用―

高校入試問題で受験生が苦労する分野「規則性」「資料の整理」「思考力」をテーマにした問題集。丁寧な解説で、基礎の基礎からしっかり身につく

[定価：1,980円]

【本書のレベル】 基礎 標準 発展

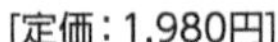

【本書のレベル】 基礎 標準 発展

数学難関徹底攻略700選

難関校受験生向けに最新入試問題を厳選。問題編の３倍に及ぶ充実した解説量

[定価：2,200円]

数学 図形と関数・グラフの融合問題完全攻略272選

最新入試頻出問題を厳選。基礎編→応用編→実践編のテーマ別ステップアップ方式。

この一冊で苦手な図形と関数・グラフの融合問題を完全克服

[定価：1,650円]

【本書のレベル】 基礎 標準 発展

英語

英語長文難関攻略33選【改訂版】

「取り組みやすい長文」→「手ごたえのある長文」へステップアップ方式。本文読解のための詳しい構文・文法解説・全訳を掲載

[定価：1,980円]

【本書のレベル】 基礎 標準 発展

【本書のレベル】 基礎 標準 発展

英文法難関攻略20選

基礎の徹底から一歩先の文法事項まで難関校突破に必要な高度な文法力が確実に身につく

[定価：1,760円]

英語長文テーマ別難関攻略30選

全国最難関校の英語長文より、高度な内容の長文を厳選してテーマ別に分類

[定価：1,760円]

【本書のレベル】 基礎 標準 発展

国語

古文 完全攻略63選【改訂版】

高校入試の古文に必要な力が身に付く一冊
基礎～難関レベルまでレベル別に攻略法を学ぶ

[定価：1,980円]

【本書のレベル】 基礎 標準 発展

【本書のレベル】 基礎 標準 発展

国語長文難関徹底攻略30選

国公私立難関校の入試問題から良問を厳選
解答へのアプローチ方法がわかる!
解けるようになる!

[定価：2,200円]

国語融合問題完全攻略30選

「現代文×古文」融合文対策
「読解のポイント」を読めば、深い速い読解力を手にできる

[定価：1,650円]

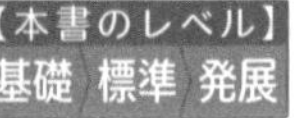

【本書のレベル】 基礎 標準 発展

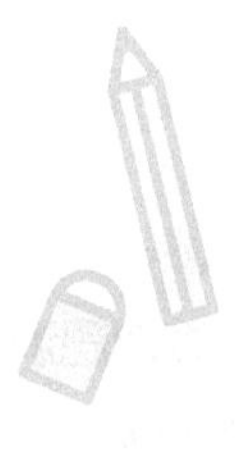

〈ダウンロードコンテンツについて〉

本問題集のダウンロードコンテンツ、弊社ホームページで配信しております。現在ご利用いただけるのは「2025年度受験用」に対応したもので、**2025年3月末日**までダウンロード可能です。弊社ホームページにアクセスの上、ご利用ください。
※配信期間が終了いたしますと、ご利用いただけませんのでご了承ください。

高校別入試過去問題シリーズ

我孫子二階堂高等学校　2025年度

ISBN978-4-8141-2995-9

[発行所] 東京学参株式会社
〒153-0043　東京都目黒区東山2-6-4

書籍の内容についてのお問い合わせは右のQRコードから ⇒ 

※書籍の内容についてのお電話でのお問い合わせ、本書の内容を超えたご質問には対応できませんのでご了承ください。

2024年7月11日　初版